[Wissen für die Praxis]

Weiterführend empfehlen wir:

Janusz Korczak: Die Aktualität seiner Pädagogik
ISBN 978-3-8029-8437-2

Kinderschutz nach dem Kinder- und Jugendstärkungsgesetz
ISBN 978-3-8029-5720-8

Das KJSG – Besserer Kinderschutz, mehr Partizipation und Teilhabe für ALLE
ISBN 978-3-8029-7615-5

Kinder- und Jugendstärkungsgesetz: Weiterentwicklung des SGB VIII
ISBN 978-3-8029-7602-5

Nachhaltige Kita-Sozialräume – gemeinschaftlich entwickeln
ISBN 978-3-8029-7607-0

Das gesamte Kinder- und Jugendrecht
ISBN 978-3-8029-5332-3

WALHALLA

Ferdinand Klein

Neue Herausforderungen der pädagogischen Fachkraft

Aus der Idee des Guten die Praxis in Kindertageseinrichtungen gestalten

Bibliografische Information der Deutschen Nationalbibliothek
Die Deutsche Nationalbibliothek verzeichnet diese Publikation in der Deutschen Nationalbibliografie; detaillierte bibliografische Daten sind im Internet über www.dnb.de abrufbar.

Zitiervorschlag:
Ferdinand Klein, Neue Herausforderungen der pädagogischen Fachkraft
Walhalla Fachverlag, Regensburg 2024

Produktion: Walhalla Fachverlag, 93042 Regensburg
Printed in Germany
ISBN 978-3-8029-8445-7

Schnellübersicht

Interesse und Motivation des Autors

„Unsere Kindertageseinrichtungen stecken in einer Krise“ – Dieses trübe Bild zeichnen Presseberichte und Studien. Sie weisen auf große Versäumnisse der deutschen Bildungspolitik (Personalmangel, unbesetzte Stellen, gestiegene Krankenzahlen) hin und lassen die enormen Herausforderungen für die pädagogischen Fachkräfte erkennen.

Es geht mir nicht um das Analysieren dieser These oder ein Denken in Kategorien, sondern um das Verstehen der Wirklichkeit des Erziehens, das den pädagogischen Fachkräften Orientierung für ihr Handeln in Kindertageseinrichten gibt. Die folgenden Texte sind in sechs Beiträgen im ZUKUNFTS-HANDBUCH Kindertageseinrichtungen erschienen. In einer Zeit, in der sich Krisen häufen und gegenseitig verstärken, möchte ich mit diesem Buch Orientierung, Stabilität und Kontinuität bieten. Dazu knüpfe ich an das Wirken des Arztes und Reformpädagogen Janusz Korczak an.

Der folgende Einblick in meine Professionalität kann als persönlicher Bericht eines Zeitzeugen verstanden werden, der seine berufliche Tätigkeit unter den Bedingungen der von ihm erlebten Zeit beschreibt und sein Denken und Handeln, sein Forschen und Lehren als Einheit sieht.

Man könnte einwenden, dass der Darstellung der Geruch des Narzissmus, der Selbstverliebtheit und Selbstbewunderung anhafte. Doch in neueren Beiträgen zur Forschung und Lehre wird der Selbstdarstellung des Wissenschaftlers Raum gegeben, da sie zu einem nicht unerheblichen Erkenntnisgewinn beitragen kann.

Kinder- und Jugendzeit

Als 1944 meine Eltern und ich – damals als Zehnjähriger – aus meinem geliebten Dorf Schwedler (Slowakei) vertrieben wurden, waren wir plötzlich heimatlos … ein Jahr Flucht folgte. Wir konnten unser Leben noch retten. Mein Vater, ein geschätzter Schneidermeister, starb an den Folgen des 1. Weltkrieges. Meine Mutter und ich waren sehr arm. Ich arbeitete in den Ferien.

Mit 18 Jahren führte mich der Weg in die Heil- und Pflegeanstalt Bruckberg bei Ansbach, eine Einrichtung der bayerischen Diakonie Neuendettelsau. Dort betreute ich in den Sommerferien eine heterogene Gruppe mit 18 schwer mehrfachbehinderten Jugendlichen und Erwachsenen, die zum Teil erheblich traumatisiert und psychisch beeinträchtigt waren. Diese Menschen hatte mir der Anstaltsleiter anvertraut. Ich wollte sein Vertrauen nicht enttäuschen, strampelte wie ein Frosch im Butterfass und machte prägende pflegerische und erzieherische Erfahrungen. Mit diesen Menschen lebte ich einen Monat lang Tag und Nacht zusammen. Ich versuchte, mich auf jeden Einzelnen einzustellen, und war bemüht, den vielen, oft völlig überraschenden problematischen Situationen möglichst angemessen zu begegnen. Dabei lernte ich ihre liebenswürdigen Seiten, aber auch ihre weniger guten näher kennen. Ich versuchte, mich von der oft schwierigen Pflege- und Erziehungssituation zu distanzieren, aus ihr etwas Positives herauszufiltern und sie zum Guten zu wandeln. Gespräche mit anderen Betreuenden waren hilfreich.

Mich ermutigte das Handeln der Diakonissinnen, die mir mit einem bejahenden Lächeln begegneten und trotz ihres hohen Alters unermüdlich arbeiteten. Ihr von Herzen kommender pflegepädagogischer Dienst motivierte mich. Ihr Beispiel bewegt mich noch heute und ermutigt zum Handeln. Inzwischen ist die Pflegepädagogik ein interdisziplinäres Forschungs- und Studiengebiet geworden.

Als Erzieher mit dem „Proletariat auf kleinen Füßen" unterwegs

Schon als Lehrer der einklassigen Dorfschule in Pommer[1] (Landkreis Forchheim) und später als Leiter der Erlanger Lebenshilfe-Schule und des zweijährigen Lehrgangs für heilpädagogische Fachkräfte[2] im Regierungsbezirk Oberfranken entdeckte ich die Pädagogik Janusz Korczaks, in einer Zeit, in der die im Reichsschulpflichtgesetz vom 06.07.1938 getroffene Abgrenzung noch galt: Kinder mit geistiger Behinderung waren schulbildungsunfähig. Ihr Grundrecht auf Bildung musste erkämpft werden. Erst der zivile Ungehorsam, nämlich die Initiative von Eltern und Fachleuten, wies die politisch Verantwortlichen auf die ungeheuerlichen Versäumnisse hin: Wir nahmen die schulbefreiten Kinder ohne hinreichende gesetzliche Grundlage in die Bildungseinrichtung auf und ließen unser Handeln nicht von politischen Rahmenbedingungen bestimmen, sondern von Entscheidungen, die wir mit unserem Gewissen verantworteten. Wir

---

1 Fünf Jahre lang hatte ich jeden Schultag für über 30 Schüler und Schülerinnen der Jahrgänge 1 bis 8 den Unterricht vorzubereiten und zu gestalten.

2 Diese Mitarbeitenden bezeichnete die Bayerische Staatsregierung als „Heilpädagogische Unterrichtshilfen"; es waren i. d. R. Erzieherinnen oder Sozialpädagoginnen.

hatten der Schulpolitik gezeigt, dass den Kindern großes Unrecht geschah.[3]

In den Schulkonferenzen dachten wir über Korczaks Satz nach: „Wer nicht in einer Schule für geistig behinderte, taubstumme oder blinde Kinder gelernt hat, Geduld und die Grundlagen der Didaktik zu üben, der wird niemals ein richtiger Lehrer werden können." (Klein 1982, S. 162) Für diese Kinder trifft in besonderer Weise zu, dass sie aus der Tiefe ihres Herzens fühlen und empfinden. Von 1980 an folgte ich einige Male mit polnischen Freunden – auf teils steinigen Wegen – Korczaks Spuren in Warschau.

Beim 1. Wuppertaler Kolloquium der Deutschen Korczak-Gesellschaft legte ich Zeugnis ab von Korczaks lebendiger Pädagogik (Klein 1982). Als ich 1992 zum Aufbaudirektor des Instituts für Rehabilitationspädagogik an der Universität Halle-Wittenberg berufen wurde und meine Arbeit zu scheitern drohte, schenkte mir Korczaks Getto-Tagebuch Halt, Gelassenheit und innere Heiterkeit.

Ein grundlegendes Motiv: Janusz Korczak, ein Symbol der Menschlichkeit

Schon von klein auf tut er Gutes und entdeckt das Gute beim anderen. Korczaks Güte, Weisheit und tiefes Interesse am anderen Menschen, das gerade die Schattenseiten menschlichen Verhaltens wahrnimmt und daraus die Liebe zum Nächsten entwickelt, leuchten wie ein Symbol der Menschlichkeit. Sein elementares Interesse am Menschen kann der Ausgangspunkt für weitreichende Einsichten sein – nicht nur zum Thema Pädagogik, sondern auch zur Frage der Bedingung des Menschseins und der Zukunft des Menschen. Korczak erkennt das Gute im Menschen über alle Gräben hinweg. Seine Handlungsethik verstehe ich als Kulturimpuls für die weltweite Politik.

Korczak will seine Idee retten. Er hat die Sache des Kindes und damit die Zukunft des Menschen und der Menschheit zu seiner Sache gemacht. Mit dem polnischen Korczak-Forscher Aleksander Lewin, der von 1937 bis 1939 Erzieher im Waisenhaus Dom Sierot war, ist herauszustellen: Korczak hat sein Programm aus dem Jahre

---

3 Der Bedeutungshorizont des Verbs „zeigen" ist breit gefächert. Ich verstehe das Zeigen als Aufmerksammachen, das von der Achtung des Kindes geprägt ist und dem bekannten Satz Maria Montessoris folgt: „Hilf mir, es selbst zu tun."

1929 nicht aus den Augen verloren: „Von der Selbstverwaltung der Kinder zu den Parlamenten der Welt." (Lewin 1998, S. 142) Korczaks weiß sich der Demokratie als Lebensform verpflichtet. Es achtet Kinder und Erwachsene als zwei gleichwertige Seiten im Erziehungs- und Bildungsprozess.

Tendenzen der Zeit gefährden die Erziehung in Kindertageseinrichtungen

1

Der andere wird zum Objekt der eigenen Wünsche

1

Am Ausgang der Moderne ist der gesamte Bereich der Kultur und Bildung von einem epochalen Wandel erfasst, der zu neuen Anforderungen an die pädagogische Professionalität führt (Speck 2008, S. 23 ff.). Die Wissenschaft als Orientierungsinstanz hat an Ansehen verloren; ihre abstrakten Theorien greifen nicht mehr hinreichend. Die komplexen Veränderungen in der Wirklichkeit der Menschen werden als vielfältig vernetzt, unübersichtlich geworden und bedrohlich erlebt. Eine Sicherheit gebende Theorie wird gesucht.

Die inklusive Erziehungspraxis ist in diesen Epochenumbruch mit einbezogen. Wir stehen mitten in Prozessen globaler gesellschaftlicher, sozialer und wirtschaftlicher Umbrüche. Das Gesellschaftsmodell der neoliberalen Marktwirtschaft, das den sozialen Anspruch des Einzelnen nicht mehr hinreichend beachtet, steuert einen radikalen Kurs der Umverteilung zulasten der Menschen, die bereits benachteiligt sind. Besonders Familien mit kleinen Kindern mit Behinderungen leiden unter der herrschenden Benachteiligung und Ausgrenzung (Klein 2018, S. 47 f.).

Sie finden keinen ausreichenden Ratgeber mehr und leben in existenzieller Angst. Weit verbreitet ist die Angst vor dem anderen. Noch vor Jahrzehnten hatte man Angst vor einem bestimmten Schuldigen, den man ausmachen und bekämpfen konnte. Heute kann man die Ursachen der Angst nicht mehr dingfest machen und gezielt angehen. Es können verschiedene, miteinander verwobene Ursachen ausfindig gemacht werden. Liegen sie im Beziehungsgeflecht mitten unter uns? Sozialpsychiater sprechen von Menschen mit „Sozialphobie" und weisen sogar auf eine sich entwickelnde „autistische Gesellschaft" hin. Sie sehen in der autistischen Beziehungsstörung mit der ihr eigenen Gefühlskälte und Distanz zum anderen Menschen eine Gefahr für die Demokratie, für das Denken in Freiheit, für die Liebe zum Leben (Lempp 2012).

Das erkannte bereits 1974 der Psychoanalytiker und Sozialphilosoph Erich Fromm (1900–1980) in seiner sozialgeschichtlichen Studie über die „Anatomie der menschlichen Destruktivität".

Fromm beschreibt den biophilen sowie den nekrophilen Menschen:

- Dieser pflegt Liebe zum Leben durch Hingabe, Freude und Kreativität,

- jeder hat Destruktivität, Mechanik und Technik des Lebens im Blick, was sich in Macht, Gier und Ichbezogenheit äußert.

Bemerkenswert an Fromms Studie ist ihre Aktualität. Fromm warnt vor jenen Menschen, die ihren kühlen und berechnenden Verstand benutzen und das „Herz verhärten". Er konstatiert Nekrophilie bei den Menschen, die mit Leidenschaft das Lebendige zerstückeln, die Welt bis ins Letzte genau kontrollieren wollen: „Die Welt des Lebens ist zu einer Welt des ‚Nicht-Lebendigen' geworden; Menschen sind zu ‚Nicht-Menschen' geworden – eine Welt des Todes." (Fromm 1974, S. 318)

Im Epochenumbruch am Ausgang der Moderne stellt sich der Erziehung diese Frage in aller Schärfe: Hier eine Welt des Lebendigen („eine Schule des Lebens", wie Korczak sagt), dort eine Welt des Todes („eine Schule des Todes", wie Korczak sagt; Klein 2018, S. 48).

Impulse zum Nachdenken

Das Reflektieren der folgenden Denkanstöße, die in einem inneren Zusammenhang stehen, kann zur Schärfung des praktischen Urteils und der Bewusstseinsbildung für eine Welt des Lebendigen in Kindertageseinrichtungen beitragen. Dieser Blick über den Zaun lag dem politisch denkenden Arzt und Erzieher Janusz Korczak am Herzen. Er wies auf Bedingungs- und Wirkungszusammenhänge hin, in die das Erzieherische eingebunden und hineinverwoben ist.

Durch intersubjektive Begegnungen der Google-Meta-Welt antworten

Diskurse über das „neue Profil des Menschen" weisen darauf hin, dass das Ich des Menschen zur Ware zu werden droht. Schon allein durch das Internet hat sich die Definition des Ichs verändert. Der Mensch ist nicht mehr nur Person mit ein paar persönlichen Daten, sondern er ist zu einem Datensatz geworden, der durch Unternehmen wie Google oder Meta (Facebook, WhatsApp) im Netz vermarktet wird. Informatiker sprechen vom Computer als Bewusstseinsmaschine, die eine neue Form des Erkennens generiert. Doch die hergestellten Zusammenhänge sind keine Sinnzusammenhänge mehr. Sie verfeinern lediglich Muster.

Die Google-Meta-Welt besagt also, dass der einzelne Mensch für sie nicht bedeutsam ist, sondern nur die große Zahl der Ichs, von

1

denen sie alles wissen müssen, damit der Rechner komplexe Leistungsprofile erstellen kann. „Diesseits dieser Welt aber muss Ich die Bedeutung, meine Bedeutung behaupten und unvermindert verteidigen. Andernfalls wird das Ich zur bewusstlosen Ware", über die verfügt werden kann (Graff 2010, S. 14). Und es kommt nicht mehr zu einer intersubjektiven Begegnung, zu einer Begegnung von Mensch zu Mensch.

Intersubjektives Handeln und Erkennen ermöglichen

Auf dieses Erfahrungsdefizit macht der evolutionäre Humanist und Historiker Yuval Noah Harari (geb. 1976) aufmerksam. Harari erkannte in seinem Weltbestseller *HOMO DEUS – Eine Geschichte von Morgen* (Harari 2017), dass der Menschheitsentwicklung eine Abkoppelung des Denkens vom Bewusstsein droht, sofern das intersubjektive Begegnen ausgeblendet wird.

Dem Menschen sind intersubjektive Begegnungen zu ermöglichen, die in seinem Bewusstsein, in seinem Gefühl und Herzen verankert sind. Dadurch verändert sich sein Wahrnehmen dahingehend, dass er den technisch zu bewerkstelligen Algorithmus in der Datenverarbeitung überwinden und sich als autonomer Mensch bewusst weiterentwickeln kann. Geboten sind ein intersubjektives Handeln und Erkennen. Harari kommt aus tiefem mitfühlenden Nachdenken über die grundlegenden Wissenschaften und Glaubensüberzeugungen, die es in der Welt gibt, zu einer Erkenntnis.

Intersubjektives Erkennen und Handeln weiterführen und vertiefen für die Gegenwart

Harari widmet sich im zweiten Weltbestseller *21 Lektionen für das 21. Jahrhundert* (Harari 2023) den drängenden Fragen im Hier und Jetzt. In einfacher und gehaltvoller Sprache besinnt er sich auf das Wesentliche seines Lebens: Aus mitfühlendem Nachdenken in ruhiger, ja meditierender Betrachtung des eigenen Lebens findet er den Weg, den er gehen kann.

Harari fragt: Wie können wir in unserer unübersichtlichen und von bedeutungslosen Informationen überflutenden Welt moralisch handeln? Und was sollen wir unseren Kindern beibringen, da heute Biotechnologie und maschinelles Lernen immer besser darin werden, die tiefsten Emotionen und Wünsche der Menschen zu manipulieren? Schließlich wird es gefährlicher denn je, einfach dem eigenen Herzen zu folgen (ebd., S. 352). Er erkennt aus tief reflektierten Erfahrungen heraus die Werte der Wahrheit, Gleichheit und Freiheit, die für unsere demokratischen Einrichtungen grundlegend und aus der sinnzentrierten Beziehung heraus zu gestalten sind und zum Handeln aufrufen: „Bitte vermeiden Sie theoretische Fragen [...] und konzentrieren Sie sich auf Fragen, die mit Ihrer tatsächlichen Praxis zu tun haben.“ (ebd., S. 413)

Er sucht aus seinen Lebenserfahrungen heraus den Sinn des Lebens zu entdecken und seinen Geist, sein Denken und Handeln, sein Fühlen und Wollen zu begründen, um die Wirklichkeit zu erfassen und über sie nachzudenken, zu meditieren, um „zu verstehen, was ringsum geschieht, und um sich im Labyrinth des Lebens zurechtzufinden“ (ebd., S. 341). Dies in einer Zeit, in der wir von Falschinformationen und Belanglosigkeiten überflutet werden. Stattdessen benötigen Menschen die „Fähigkeit, Informationen zu interpretieren, zwischen wichtig und unwichtig zu unterscheiden und vor allem viele Informationsstückchen zu einem umfassenden Bild der Welt zusammenzusetzen“ (ebd., S. 344).

Schließlich fragt Harari: „Wer bin ich? Was soll ich mit meinem Leben anfangen? Worin besteht der Sinn meines Lebens?“ (ebd., S. 354) Sein Rat: „Wenn Sie sich wirklich selbst verstehen wollen, sollten Sie sich nicht mit Ihrem Facebook-Account [...] identifizieren. Stattdessen sollten Sie den tatsächlichen Fluss von Körper und Geist wahrnehmen.“ (ebd., S. 396) Das erinnert an den Friedenstifter Franz von Assisi (1181–1226), der als Kind reicher Eltern sein ausschweifendes privilegiertes Leben aufgab und freiwillig in „zärtlicher Solidarität“ mit den armen, ausgestoßenen und benachteiligten Menschen lebte. Mit dieser geistigen Haltung, die seinem tiefen Bedürfnis entsprach, fühlte er Dankbarkeit, Freude und Glück. Er lebte in „Verbindung mit der Welt“ in Frieden und im Einklang mit der Natur und den Tieren (Prinz 2023, S. 81 ff.). Sein „Sprechen, Denken und Glaube“ waren für ihn eins (ebd., S. 116).

Liebe zum Leben: die kostbarste Eigenschaft des Menschen

Für den Heidelberger Psychiater, Philosophen und Pädagogen Thomas Fuchs, der in der humanistischen Tradition Erich Fromms steht,[4] ist die Liebe zum Leben die kostbarste Eigenschaft des Menschen. Den Leistungen des Menschen in den Wissenschaften, der Kunst, des Rechts und der Technik steht die erschreckende Seite gegenüber, nämlich „Hass, Gewalt, Krieg und Destruktion" (Fuchs 2023, S. 8). Fuchs fragt nach dem Ausweg aus dem Schwanken zwischen Größe und Elend des Menschen und erkennt die Notwendigkeit dessen Wandels, der insbesondere einschließt: die Verabschiedung von Allmachtsfantasien, Selbstbejahung und Demut, wirkliche Beziehungen, das Einüben echter Empathie und das „eigene Einbetten in einen übergreifenden und sinnvollen Zusammenhang" (ebd., S. 12). Entscheidend ist das sinnliche Erfahren des anderen Menschen, sein wirkliches Du: sein Blick, seine Stimme, seine leibliche Präsenz, seine körperliche Ausstrahlungskraft. Diese Zwischenleiblichkeit kann durch die virtuelle Gegenwart des anderen nicht ersetzt werden.

Für Fuchs ist das Bewusstsein einzubetten in einen übergreifenden Sinnzusammenhang, der dem (zer-)störenden Narzissmus trotzt. Diese tiefe innere Haltung mündet in die Verantwortung, die „wir füreinander als Menschen und für das Leben insgesamt übernehmen. Dann mag es uns auch gelingen, uns auf der Erde wirklich zu beheimaten. Es wird keine andere Heimat für uns geben" (ebd., S. 15).

Erkenntnis für die Praxis in der Kindertageseinrichtung

Der Mensch darf nicht als Summe von Einzelfunktionen verstanden werden

Heute sehen sich Sozialwissenschaftlerinnen und -wissenschaftler einem Denken verpflichtet, das den Einzelnen nicht mehr als Person beschreibt, sondern als Organisationssystem von Verhaltensweisen, die analysiert, gemessen, geprüft und verrechnet werden können. In diesen Theoriegebäuden ist nicht mehr der Mensch in

---

4 Thomas Fuchs hat 2023 den Erich-Fromm-Preis erhalten; seine wissenschaftlichen Arbeiten stehen ganz in der Tradition Erich Fromms. Auf seine Rede anlässlich der Verleihung des Preises „Verkörperung und Beziehung. Für einen zeitgemäßen Humanismus" gehe ich im Folgenden näher ein.

seiner Ganzheit das Bezugssystem. Wird er in formale Kategorien aufgelöst und als Summe seiner Einzelfunktionen verstanden, wird sein Bedürfnis, nämlich aus seinem inneren Kraftzentrum heraus autonom zu handeln, ignoriert.

Das Funktionieren wurde der erfolgreichen Kommunikations- und Politikwissenschaftlerin Miriam Meckel zum Verhängnis. Sie musste sich wegen eines Burnout in stationäre Behandlung begeben. Hier wurden ihr die Grenzen des Verhaltens bewusst, nachdem sie 15 Jahre in der Perfektionsfalle herumgetappt war. Fremdbestimmung, Konkurrenz, Zwänge und Misserfolge führten zu einem Funktionieren. Meckel konnte nicht mehr aus ihrer Krankheit herausfinden. Sie hatte ihre Souveränität über das eigene Leben verloren. Sie fühlte sich entwurzelt und sehnte sich nach einem nicht entfremdeten Dasein und nach Halt gebenden Beziehungen (Meckel 2010).

Meckel hatte versäumt, die Frage nach der Sinngebung des eigenen Daseins, die eigentliche Frage nach sich selbst, nach sinnstiftender Lebensorientierung zu stellen. Lebenssinn, der tief im Menschen eingewurzelt ist, ist nicht verhandelbar.

Bildung darf nicht ökonomischen Standards folgen

In seinem Werk *Die Seele des Menschen* erkannte Erich Fromm schon 1980, dass Menschen im Zusammenleben nach ökonomischen Gesichtspunkten verwaltet werden, „als ob sie Dinge wären"; dadurch verwandeln sie sich unmerklich „in Dinge, und sie gehorchen den Gesetzen der Dinge. Aber der Mensch ist nicht zum Ding geschaffen; er geht zugrunde, wenn er zum Ding wird. [...] Der homo mechanicus interessiert sich [...] immer weniger für die Anteilnahme am eigentlichen Leben und für die Verantwortung, die darin liegt" (Fromm 1980, S. 54 ff.).

Diese Ökonomisierung dominiert das europäischen Bildungswesen, das von einer falsch verstandenen Politik wie ein funktionierender Wirtschaftsbetrieb gesehen wird. Das Bildungssystem kann nicht technokratisch umgesteuert und nach ökonomischem Muster (messbare Leistung, Steigerung der Effizienz) verwaltet und verrechnet werden. Inzwischen wird ein europäischer Qualifikationsrahmen angestrebt, der sogar den kulturellen Fundus des einzelnen Landes negiert. Das deutet auf eine Krise des Menschenbilds hin: Der Mensch wird auf das Bedürfnis nach Konsum reduziert.

Hier scheint durch politische Vorgaben die Ökonomisierung zu einem neuen Denkprinzip und Menschenbild zu werden, was den Sinn wissenschaftlichen Erkenntnisstrebens auf das Verwertbare reduziert. Dem dürfen die Gegenstände der Geistes- und Sozialwissenschaft nicht folgen, denn das Maß liegt im Menschen – nicht in den Dingen.

Der Beschleunigung gelassen antworten

Heute wird von der verwertungsorientierten Wissensgesellschaft gesprochen, in der Begriffe wie „Leistungssteigerung" und „Konkurrenz" dominieren, die Selektion erzeugen und den Schwächeren zurückdrängen oder aussondern. Diese Praxis der Starken ist mit Eile verbunden. Es ist das Veloziferische, eine Wortschöpfung Goethes (aus dem Lateinischen velocitas = Eile und dem Italienischen velozifero = Eilwagen oder Eilpost), das zum Stigma seiner Zeit wurde, es zeigt sich heute als Stigma der Gegenwart (Osten 2003). Doktor Faust wollte immer mehr, unterlag Mephisto und musste des Teufels Joch der Eile tragen. Die Antizipation des Schnellen und des Mehr führt zu einer wechselseitigen Steigerung des Beschleunigens. Wer mehr hat, will noch mehr, und wer noch mehr hat, vermehrt sein Mehr-Haben. Diese Dialektik beschrieb Karl Marx als die Systematik des Wirtschaftslebens, die in der modernen Forderungs- und Anspruchsgesellschaft präsent ist. Die maßlose Steigerung kann tief in das körperlich-seelisch-geistige Befinden eingreifen und zu Störungen des moralischen Denkens führen. Der Mensch hat durch die Beschleunigung aller Lebensvorgänge seine Geborgenheit verloren, nach der er sich sehnt. Er ist zum Getriebenen geworden. Überforderungen, Entfremdung und Störungen der Psyche sind die Folge. Auffallend sind Ängste und Depressionen, die als Erschöpfung des souveränen Menschen gedeutet werden.

Wie kann der Mensch Geborgenheit (wieder-)finden? Erinnert sei an eine Geschichte von Till Eulenspiegel, dem legendären Schelm des 14. Jahrhunderts: Er erzählt von einem Kutscher, der ihm unterwegs begegnete und nach dem schnellsten Weg zur Stadt fragte. Eulenspiegel antwortete: „Wenn Ihr langsam fahrt, dauert es wohl eine halbe Stunde. Fahrt Ihr schnell, so dauert es zwei Stunden." – „Du Narr", brüllte der Kutscher und preschte eilig los. Till Eulenspiegel ging ruhig weiter, umrundete die vielen Schlaglöcher. Nach etwa einer Stunde sah er die Kutsche mit gebrochener Achse im Graben liegen (Janssen 2016, S. 168).

Bei diesem beschleunigten erfolgsorientierten Denken geht man davon aus, dass die Bildung des Kindes durch Förderprogramme gesteuert werden kann. Die dominierende Außensteuerung durch Reduzierung auf das Machen gefährdet aber die Selbstbildung der pädagogischen Fachkraft, denn sie liefert sich der Außenlenkung aus. Geboten ist ein ruhiges, gelassenes und sinnzentriertes situationsorientiertes Handeln, das mit der erlebten Praxis zusammenhängt.

Dadurch kann die pädagogische Fachkraft dem individuellen Kind sein Spielen und Lernen, sein Gestalten und Wollen zusammen mit anderen Kindern ermöglichen. Denn gerade in der Zeit des Krieges zwischen den Kulturen und Religionen, in der Menschen für ihr eigenes Wohlergehen die Ellenbogen ausfahren, kann sie sich an dieser inneren Haltung orientieren und gerade mit Kindern in ihrer veranlagten Lebensfreude antworten, denn sie bekommen all das auf ihre ganz persönliche Art und Weise mit.

Notwendig ist ein Bewusstmachen des Konkreten aus der Idee des Guten in der sinnzentrierten Beziehung für das feinfühlende Handeln der pädagogischen Fachkraft, dem sich dieses Buch in den nachfolgenden Beiträgen verpflichtet fühlt.

Der „Situationsorientierte Ansatz“ – eine zukunftsweisende Perspektive

Vorbemerkung

Der sogenannte Situationsorientierte Ansatz (abgekürzt auch S. o. A.) wurde vom Kindheitspädagogen Armin Krenz (mit Zulassung zu heilkundlich psychologisch-therapeutischer Tätigkeit) im Rahmen seiner Tätigkeit am Institut für angewandte Psychologie und Pädagogik in Kiel erarbeitet und hat sich in den letzten 35 Jahren als ein viel beachteter Ansatz in Deutschland und dem
2 europäischen Ausland (vor allem in Süddänemark, im deutschsprachigen Norditalien sowie in Österreich und Luxemburg) in vielen Kindertageseinrichtungen etabliert, obgleich er nicht immer in den genannten und fest verankerten Grundlagen vollständig umgesetzt wird. Er orientiert sich an den jeweils aktuellen und für die Praxis relevanten Ergebnissen und Erkenntnissen der Sozialtherapie, Entwicklungspsychologie sowie Bildungs- und Bindungsforschung, der Neurobiologie, der UN-Charta „Rechte des Kindes" sowie dem tief verwurzelten Humanismus in der Korczak-Pädagogik (vgl. Klein 2022a).[5]

Das zeigt sein neuestes Handbuch *Elementarpädagogische Grundsätze auf den Punkt gebracht* mit 20 aktuellen praxisrelevanten Themen, die er aus seinen Seminaren, Vorträgen, Büchern und zahlreichen Fachbeiträgen auf der Basis der neuesten Erkenntnisse in der Bindungs- und Bildungsforschung, Neurobiologie sowie Lern- und Entwicklungspsychologie auf den Punkt bringt (vgl. Krenz 2022a).

Zur Aktualität des Situationsorientierten Ansatzes

Ziel des Situationsorientierten Ansatzes ist es, die Selbst-, Sach- und Sozialkompetenz von Kindern auf- und auszubauen, um bei ihnen möglichst viele Ressourcen zu entdecken, aufzugreifen und eine Entwicklung in allen Entwicklungsfeldern möglich zu machen, so wie uns dies in Pestalozzis Elementarbildung und im Gesundheitsbegriff begegnet (vgl. Krenz 1996). Praktisch bedeutet dies, die Selbstständigkeit der Kinder auf der Grundlage einer entdeckten und gefestigten Ich-Identität, ihre Autonomie und ihr soziales Verhalten auf der Grundlage eines werteorientierten Verhaltens zu aktivieren und weiterzuentwickeln, das die drei gesundheitsfördernden Prinzipien Salutogenese, Logotherapie und Rhythmik achtet.

---

5 Besten Dank an Armin Krenz für seine Begleitung grundlegender Textteile.

Der Situationsorientierte Ansatz berücksichtigt also die biologischen, sozialkulturellen und psychologisch bedeutsamen Lebensbedingungen von Kindern und ihren Eltern. Er basiert auf einem ganzheitlichen Menschenbild, das die Entwicklung aller Personen, die in den Entwicklungsprozess eines Kindes einbezogen sind, in den Mittelpunkt rückt. Dabei geht der Ansatz von folgender Grundsatzfrage aus:

Welche entwicklungsförderlichen Bedingungen brauchen Kinder und ihre Familien (heute), um eigene vorhandene Ressourcen auf- und auszubauen?

Dieser kindorientierte Ansatz

- versteht Krippe und Kita als einen sehr bedeutsamen persönlichkeitsprägenden Lebens- und Wirkungsraum für die nachhaltige Entwicklung des Kindes,
- hat einen eigenständigen kindorientierten Erziehungs-, Bildungs- und Betreuungsauftrag im Unterschied und in Abgrenzung zur Schulpädagogik (entsprechend dem Kinder- und Jugendhilfegesetz – KJHG, sowie den Kindertagesstättengesetzen der Bundesländer),
- beachtet kulturelle Wertearten sowie religiöse Erfahrungen und
- geht von einer ganzheitlichen Unterstützung der Handlungs-, Bildungs-, Leistungs- und Lernfähigkeit von Kindern aus (vgl. Krenz 2010).

Der *Erziehungs- und Bildungsauftrag* besteht darin, dafür zu sorgen, dass Kinder eine allumfassende, lebendige und vielfältige, die Neugierde unterstützende Erfahrungswelt kennenlernen können, damit sie in der Lage sind, ihre individuelle Identität zu erfahren und zu begreifen, weiterzuentwickeln und auszubauen. Auf diese Weise erwerben Kinder alle notwendigen Kompetenzen, um gegenwärtige und zukünftige Lebenssituationen weitgehend autonom und gleichzeitig in Verantwortung zur Welt gestalten zu können.

Der *Betreuungsauftrag* besteht darin, Kindern und Jugendlichen treu zu sein. Das geschieht durch den Auf- und Ausbau fester, verlässlicher Beziehungen zu ihnen und deren wertschätzende Pflege. Durch erlebte Beziehungsqualitäten können Kinder ein Gefühl der

Sicherheit bekommen, eine Grundlage für alle bedeutsamen biopsychosozialen Entwicklungsprozesse im Menschen (vgl. Krenz 2004).

Im elementarpädagogischen Erziehungs-, Bildungs- und Betreuungsraum soll sich jedes Kind sicher aufgehoben und wohlfühlen und nach seinen Potenzialen gemeinsam mit anderen Kindern und den pädagogischen Fachkräften entwickeln. Er beachtet sieben verbindliche Eckwerte (Mitteilung von Armin Krenz an den Verfasser):

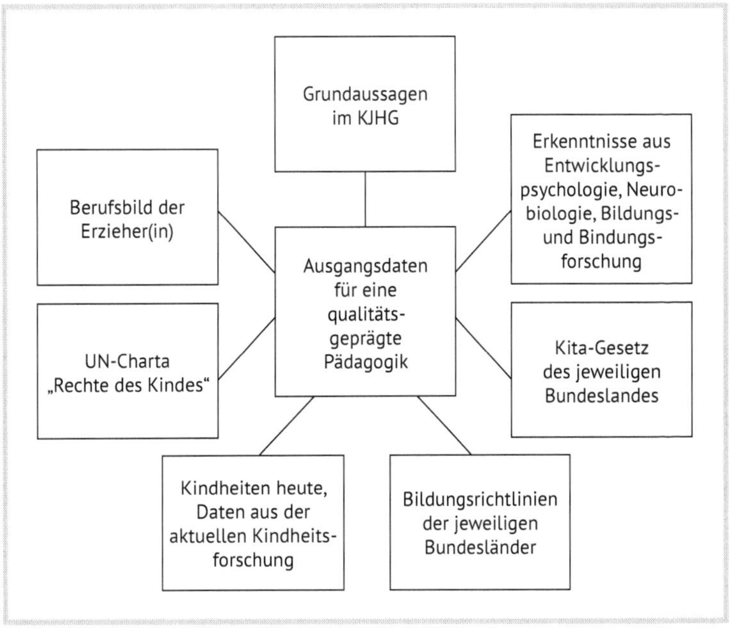

Grafik nach Armin Krenz

Konsequenzen für die Praxis

- Das humanistische Menschenbild prägt nicht nur die gesamte pädagogische Arbeit, sondern verlangt auch von der pädagogischen Fachkraft eine stets reflektierte Selbstbildung und eigene Persönlichkeitsentwicklung getreu dem Motto: Das Prinzip des lebenslangen Lernens gilt zuallererst für die eigene Person, zumal Authentizität den wichtigsten Bildungsimpuls für Kinder bildet.

- Der Stellenwert der Eltern, die im Sinne einer entscheidenden Mitverantwortung für die Entwicklung ihrer Kinder in die pädagogische Arbeit einbezogen werden, wird hoch eingestuft. Daher kommt der Elternbildung, Elternberatung und einer kommunikationsfreundlichen, wertschätzenden Zusammenarbeit große Bedeutung zu, ohne dabei den Wünschen der Eltern vorbehaltlos nachzukommen, sofern diese dem Entwicklungsgeschehen für das Kind abträglich wären.
- Konstruktive kollegiale und interdisziplinäre Zusammenarbeit ist entscheidend, um Kindern in allen Belangen ein gutes Vorbild zu sein und gleichzeitig für eine entwicklungsförderliche Innenqualität zu sorgen (vgl. Krenz 2013a).
- Der didaktische Aufbau von Projekten wird als Garant gegen eine Zufallsdidaktik oder eine sogenannten „Spaßpädagogik“ angesehen. Im S. o. A. geht es nicht darum, „was Kinder wollen“, sondern vielmehr darum, was Kinder für eine gesunde seelisch-geistige Entwicklung brauchen (vgl. Krenz 2013b).
- Ebenso wird im Situationsorientierten Ansatz eine „Laissez-faire“-Pädagogik abgelehnt. Ein demokratischer Erziehungsstil steht im Mittelpunkt, in dem „Partizipation“ (Beteiligung der Kinder) großgeschrieben wird. Das zeigt sich beispielsweise in der regelmäßigen Durchführung von Kinderkonferenzen und durch die alltägliche Umgangskultur auf der Grundlage eines partnerschaftlichen und gleichberechtigten Interaktionsgeschehens.
- Qualitätsansprüche im Sinne einer überprüfbaren und transparenten Arbeit bestimmen die Arbeit, sodass nicht „jeder machen kann, was er will“.
- Die Abgrenzung von öffentlichen und modernistischen Erwartungen basiert auf einem klaren pädagogischen Grundverständnis: Kinder sind keine Experimentiermäuse, sie dürfen auch nicht durch sozialpolitisch geprägte Erwartungen oder Absichten funktionalisiert werden!
- Das Bildungsverständnis (Bildung aus „erster Hand“) legt nahe, im Situationsorientierten Ansatz keine gezielten „Förderprogramme“ künstlich zu initiieren. Stattdessen geht es im Alltagsgeschehen um ein „concomitant learning“ – ein „Lernen nebenbei“, das aus bildungswissenschaftlicher und

sozialpädiatrischer Sicht weitaus effektiver ist als ein defizitorientierter Ansatz (vgl. Neuhäuser/Klein 2019; Krenz 2014).

Der Situationsorientierte Ansatz beachtet die Klassiker der Elementarpädagogik

Der Situationsorientierte Ansatz geht ganz im Sinne von Friedrich Fröbel, dem Begründer des Kindergartens, davon aus, dass der Lebensort Kita ein bedeutsamer Lebens-, Spiel- und Erfahrungsraum des Kindes ist, in dem es mit Freude, Engagement und Anstrengungsbereitschaft

- in Lebens- und Sinnzusammenhängen tätig sein,
- seine individuellen Erfahrungen machen und
- mit sich allein, mit anderen Kindern und bindungsorientierten Erwachsenen leben, spielen und lernen kann.

Der Ansatz lehnt die altersgleiche Gruppe und einen vorher fest programmierten Tagesablauf ebenso ab wie offene Gruppen mit ständig wechselnden Zusammensetzungen und die Ausgrenzung von Kindern mit besonderen Entwicklungsproblemen oder Behinderungen. Er ermöglicht jedem Kind grundlegende soziale Erfahrungen, die sich auf die emotionale und kognitive Entwicklung nachhaltig positiv auswirken (vgl. Neuhäuser/Klein 2019).

Beim Situationsorientierten Ansatz kann jedes Kind im Sinne der Montessori-Pädagogik Akteur der eigenen Entwicklung sein, Können, Fühlen und Wollen, Stärken, Fähigkeiten, Fertigkeiten und liebenswerte Eigenschaften in den gemeinsamen Prozess des Spielens und Lernens einbringen und dadurch die eigene Entwicklung und die anderer Kinder sowie der Erwachsenen bereichern. Bei dieser inklusiven und normalisierenden Praxis tritt das – oft befürchtete – allein physische Zusammensein gar nicht auf.

Der Situationsorientierte Ansatz baut also auf grundlegenden Einsichten von Klassikern der Elementarpädagogik – Friedrich Fröbel und Maria Montessori – auf, bindet aber auch aktuelle Erkenntnisse der Neurobiologie, Entwicklungs- und Sozialpsychologie zu Personenqualität und Qualitätsmanagement in eine ganzheitliche Erziehungs- und Bildungskonzeption ein.

Ansprüche an die Persönlichkeit und Fachkompetenz der pädagogischen Fachkraft

Beim Situationsorientierten Ansatz stehen nicht Techniken und Methoden der Einflussnahme im Vordergrund, sondern die Persönlichkeit der pädagogischen Fachkraft, ihre

- Emotionalität (Fühlen, Einfühlen, Empathie),
- Kognition (Denken, Vorstellen, Wissen, Visionen, Verstehen, Wahrnehmungsoffenheit, Wahrnehmungsdifferenzierung),
- Handlungskompetenz (orientiert an den Lern-, Entwicklungs- und Verarbeitungsbedürfnissen und am situationsgerechten Handeln) und
- soziale Kompetenz (gemeinsam Projekte planen, durchführen und prüfen, Teamarbeit, in strukturierten Teamsitzungen miteinander beraten, andere Fachkompetenzen wahrnehmen und zurate ziehen, Elternkompetenz beachten, Suchen nach Problemlösungen, interdisziplinär arbeiten, Kompetenztransfer beachten).

Das situationsorientierte Handeln stellt hohe Ansprüche an die Haltung und Einstellung der pädagogischen Fachkraft. Sie wird als Person (auf der persönlichen und zwischenmenschlichen Ebene) und als Fachkraft (auf der beruflichen und fachlich-kooperierenden Ebene) angesprochen. Mit diesem Bemühen um eine methodische Haltung, die in ihrer Person verankert ist, wird sie die vielfältige und immer weiterentwickelte „Trickkunde" der Ratgeberliteratur hinter sich lassen.

Identität und Professionalität als Motor für Entwicklungen

Wenn der Mensch als Produzent seiner individuellen Lebenskollage betrachtet wird, der aus Lebensstil und Sinnelementen die eigene Biografie in Auseinandersetzung mit sich und anderen bildet, ist dies für die pädagogische Fachkraft besonders bedeutsam. Mit der Frage nach der eigenen Identität und ihrer Klärung sind persönliche und berufliche Irritationen zu meistern.

Identitätsentwicklung beginnt dort, wo die Fachkraft selbst Freude und ein hohes Interesse daran hat,

- immer wieder neues Wissen zu erwerben,
- vertiefende Kenntnisse aus dem weiten Feld der Neurobiologie, Sozialpädiatrie, Psychologie und Pädagogik zu gewinnen,
- Lernherausforderungen zu suchen und neue Handlungskompetenzen aufzubauen bzw. zu erweitern,
- Konfliktkompetenzen zu erwerben, um vorurteilsbewusst, offen und neugierig schwierige Situationen zu meistern,
- an der eigenen Lern- und Lebensgeschichte zu arbeiten, bisher verborgene Talente zu entdecken und neu zu nutzen,
- weltoffen auf alles Unbekannte zuzugehen und
- sich immer wieder selbst zu motivieren, mit Engagement und Risikofähigkeit die Welt humaner mitzugestalten.

Berufliche Identitätsentwicklung ist stets mit der persönlichen verbunden; beide Identitätsbereiche entstehen nicht von allein. Es geht vielmehr darum, immer wieder selbstreflexiv die eigene Lebensgeschichte und das Verhalten mit dem Alltagsgeschehen vor Ort zu vernetzen, um konstruktive und destruktive Handlungsmomente zu erkennen. Dazu gehört auch eine gute Dialogfähigkeit, um in den unterschiedlichsten Lebens- und Arbeitssituationen Selbstbetrachtungen und -verhandlungen zu leisten, lebendige Entwicklungsfelder zu entdecken, Entwicklungschancen zu nutzen und Fehlentwicklungen zu korrigieren. Immer wieder müssen unterschiedliche Erwartungen und Anforderungen, die man an sich (zu haben) hat und die von außen kommen, auf ihre fachliche Existenzberechtigung hin überprüft werden.

Bei all diesen Selbstentwicklungsaufgaben wird es nicht ausbleiben, dass dabei auch Identitätskrisen auftauchen: Sie sind eine Chance, ein erlebtes, aktuelles Chaos als Neuanfang zu verstehen.

Professionalität verlangt konkrete Handlungsschritte

Elementarpädagogik muss künftig stärker ihre Professionalität im Beruf zeigen. Viele aktuelle Untersuchungen im Bereich der Neuropädiatrie und -psychologie, der Verhaltensbiologie und Entwicklungspsychologie zeigen die hohe Bedeutung der ersten Lebensjahre für die weitere Entwicklung. Es liegt aber auch im Interesse der pädagogischen Fachkraft selbst, die bedeutsame und anspruchsvolle Berufsarbeit professionell auszufüllen.

Demnach achtet die pädagogische Fachkraft auf:

- Selbstkritik (Selbstreflexion, Selbstentwicklung, Selbstauseinandersetzung, Problembewusstsein)
- Freude und Humor, Optimismus und Lebendigkeit
- Achtsamkeit und Zuversicht
- Engagement, Neugierde, Lernoffenheit sowie Solidarität im Sinn von Janusz Korczak (vgl. Klein 2022a)

Selbstveränderung: Königsweg für Entwicklungsbegleitung

Um Kindern in ihrem Entwicklungsbedürfnis und -bedarf hilfreich zur Seite zu stehen, bedarf es erstens einer authentisch verankerten Annahme des Kindes, indem wir ihm ein emotional-sozial geprägtes Beziehungsangebot machen, damit es sich nicht isoliert, ausgegrenzt, bevormundet, gedemütigt, verlassen, ins Abseits gedrängt fühlt. Zweitens geht es um eine fachlich verstehende, deutende Entschlüsselung der gezeigten Ausdrucksweise, um „das Kind da abzuholen, wo es steht", und nicht dort hinzuziehen, wo wir es gerne haben würden. Drittens ist für Erwachsene ein radikaler Perspektivwechsel nötig: Sie haben dafür zu sorgen, dass Kinder seelisch stark werden und sich sozial integriert fühlen. Erwachsene müssen dem einzelnen Kind dabei helfen, sein individuelles Können zu können (vgl. Krenz 2017).

Verhaltensirritationen haben aus Sicht des Kindes eine wegweisende, überlebensnotwendige Funktion: Sie sind Ausdruck einer entwicklungshinderlichen Umgebung (ungünstige Raumbedingungen, ein fachlich unangebrachtes pädagogisches Konzept, Beziehungsstörungen vom Erwachsenen zum Kind, eingeschränkte Bewegungsmöglichkeiten, zusammenhanglose Programme oder übertragungsrelevante Teamkonflikte), also stets situationsangemessene Reaktionen des Kindes, die der Erwachsenenwelt zeigen: „Hier stimmt etwas nicht im kindlichen Umfeld." Und die dazu auffordern, Hintergründe bzw. Auslöser zu suchen und zu verändern. Ursache kann auch eine krankhafte Störung beim Kind sein, was fachkundige Klärung (Kinderarzt, Neuropädiater, Kinderpsychiater) erfordert, wobei der Situationsorientierte Ansatz immer wieder sehr deutlich darauf hinweist, Verhaltensirritationen nicht vorschnell zu pathologisieren.

Viele Beobachtungen in Kindertagesstätten und ebenso viele Gespräche mit den Fachkräften haben gezeigt, dass diese häufig allzu schnell Verhaltensirritationen mit medizinisch geprägten Diagnosen belegen, ohne dass diese als solche abgeklärt waren. Die pädagogische Fachkraft muss also versuchen, herauszufinden, was das Kind mit seinem Verhalten ausdrücken und mitteilen will, wo, wann und wie Hilfe zu geben ist.

Ganzheitliche oder heilende (Spiel-)Erziehung

Der Situationsorientierte Ansatz integriert Kinder, die in innerer und äußerer Not leben, er nimmt die Entwicklungsbeeinträchtigung des Kindes wahr, die auf sehr verschiedene Ursachen und Zusammenhänge zurückgehen kann. Er versteht sich als ein Lebensort, der dem Kind Raum und Zeit zur Verfügung stellt, damit es seine aktuellen Lebensfragen und Lebensprobleme sowie bedrängende Erlebnisse und Erfahrungen verarbeiten kann: beim Spielen, Erzählen, Bewegen, rhythmischen Gestalten, Malen, Zeichnen und Träumen (vgl. Krenz 1996).

Als heilpädagogisch-ärztliche Aufgabe baut der Situationsorientierte Ansatz auf entwicklungsneurologischen und -pädagogischen Erkenntnissen auf: Kinder können gerade durch wiederholte „Spiel-Tätigkeit" (Fröbel) eigene, noch unverarbeitete Erlebnisse und Erfahrungen innerlich ordnen. „Wenn Kinder die Möglichkeit haben, in vielfältiger Projektarbeit ‚Vergangenheitsbewältigung' zu unternehmen, können auf diese Weise Irritationen, Ängste, Belastungen, Spannungen oder Ärger abgebaut werden." (Krenz 2013b, S. 108)

Durch diese Verarbeitungsprozesse bahnen sich die Kinder den Weg zu ihren eigentlichen Kompetenzen und zu ihren Ressourcen, die sonst verschüttet geblieben wären. In ihrem Spiel liegen die heilenden (ganz machenden) Kräfte, von denen der Erzieher und Psychotherapeut Hans Zulliger sprach. Die pädagogische Fachkraft gibt dem Kind „SEELENPFLEGE" im Sinne der Waldorfpädagogik und schafft eine Umgebung, in der sich seine Entwicklung normalisieren kann (vgl. Klein 2022b).

Der Situationsorientierte Ansatz ist geplantes und strukturiertes Leben und Lernen mit Kindern, wobei entwicklungsneurologisch und (heil-)pädagogisch zu verantwortende Vorhaben (Projekte) sorgfältig zu planen, durchzuführen und zu prüfen sind. Kinder bekommen die Möglichkeit, individuelle Erfahrungen und Erlebnisse im Spiel und in gemeinsam geplanten Projekten zu verarbeiten und zu verstehen, bedeutsame Fragen zu beantworten und Zusammenhänge zu begreifen, um aus der Bewältigung erlebter Situationen und Ereignisse individuelle Kompetenzen auf- und auszubauen.

Jedes Kind auf seinem Entwicklungsweg leiten und unterstützen

Der Situationsorientierte Ansatz ist ein beziehungsorientiertes, ganzheitliches Erziehungs-, Betreuungs- und Bildungskonzept, das jedes Kind möglichst situationsgerecht

- leitet (besonders durch die Haltung) und
- unterstützt (besonders durch die Berücksichtigung seiner Erlebniswelt).

Dadurch kann es seine

- personale Kompetenz (Ich-Kompetenz),
- soziale Kompetenz (Sozialkompetenz) sowie
- gegenstands- und aufgabenbezogene Kompetenz (Sachkompetenz) selbst strukturieren und aufbauen.

Der Ansatz ist an der Korczak-Pädagogik orientiert, denn er „gleicht einer Haltung, einer persönlichkeitsbedingten Sichtweise von ‚ganzheitlicher Pädagogik' unter besonderer Berücksichtigung der

- Wertschätzung von Kindern,
- Achtung der Rechte jedes einzelnen Kindes,
- Nichtausgrenzung von aktuellen Situationen,
- Bedeutung jedes einzelnen Tages und
- Arbeit an eigener Identität und Professionalität." (Krenz 2013a, S. 160)

Der Situationsorientierte Ansatz achtet:

1. Grundbedürfnisse, die jeder Mensch in sich trägt und nach einer Befriedigung er sucht
2. Selbsttätigkeit, die durch die Neugierde einer Selbst- und Weltentdeckung in Gang gesetzt werden will
3. Spiel als Bildungsmittelpunkt, zugleich Grundlage für alle bedeutsamen Lernprozesse
4. Spiel- und Sprachförderung, um sich selbst als Entdecker seiner selbst zu erleben, sich selbst sowie die Welt um sich herum immer besser kennenzulernen und sich immer wieder aufs Neue als Mitgestalter zu erfahren

1. Grundbedürfnisse

Grundbedürfnisse drücken einen Bedarf an Befriedigung aus – entsprechend einem hungrigen Menschen, der auf der Suche nach Nahrung ist oder sich in einer völlig dunklen Umgebung befindet und vehement nach einer Lichtquelle strebt. Neurobiologische und entwicklungspsychologische Untersuchungen zeigen immer wieder, dass die Befriedigung von Grundbedürfnissen in entscheidender Weise dazu beiträgt, lebensbedeutsame Fähigkeiten und Fertigkeiten auf- und auszubauen. Besonders ist zu (be-)achten:

- Zeit gewähren, damit Kinder sich selbst und ihr Umfeld wahrnehmen können
- Ruhe fördern, um Kindern eine Wahrnehmungsdifferenzierung zu ermöglichen
- Liebe geben, um Kindern dabei zu helfen, sich selbst annehmen zu können
- Vertrauen leben, um Stolz und Ich-Stärke bei Kindern aufzubauen
- den Kindern das tiefe Gefühl des Verstandenwerdens geben, damit sie intensiven Kontakt zu sich selbst aufnehmen können und sich der eigenen Person sowie ihrer Welt öffnen
- Sicherheit vermitteln, damit Kinder in den Prozess einer Selbstentwicklung kommen wollen und können

- Bewegung und Rhythmik zu einem zentralen Aspekt erklären, damit durch den damit verbundenen Stressabbau die Basisfähigkeit einer Selbststeuerung eintreten kann
- Intimität und Geheimnisse den Kindern zugestehen, sodass sich ihr Differenzierungspotenzial zwischen ihrer öffentlichen und privaten Person entwickeln kann
- eine Mitsprache ermöglichen und einfordern zum Aufbau eines Wertigkeitsempfindens
- vielfältige Erfahrungsräume bereitstellen, um Kindern dabei zu helfen, ihre Lernpotenziale zu entdecken und zu nutzen
- Gefühle erleben lassen, um ihre Existenz zu akzeptieren und intrapsychisch zu integrieren
- Sexualität bejahen, zulassen und unterstützen, damit Kinder ihre psycho-sexuelle Orientierung finden sowie ihre sexuelle Identität auch tatsächlich ganzheitlich bejahen und erleben können
- Gewaltfreiheit zur obersten Priorität erklären, damit Kinder sich angstfrei auf die unterschiedlichsten Situationen und Lernvorgänge einlassen können
- Neugierde in allen Facetten unterstützen, um Lernmotivation auf- und kontinuierlich auszubauen
- Optimismus leben, um Kindern die Basisfähigkeit eines grundsätzlichen Konstruktivismus zu vermitteln
- Respekt/Achtung zum festen Kommunikationsverhalten erklären, damit Kinder ihre Individualität, ihre Einmaligkeit erleben können – als Grundlage für den Aufbau eines Selbstwertgefühls (vgl. Krenz 2013b)

2. Selbsttätigkeit

Versucht man, die Gedanken von Armin Krenz auf den Punkt zu bringen, stößt man auf den Begriff der Selbsttätigkeit (Selbstbildung, Selbstaktualisierung, Selbstregulation, autonomes Handeln, kompetentes Handeln), den Friedrich Fröbel, aber auch die anderen drei großen Reformpädagogen Montessori, Steiner und Korczak im Auge hatten. Unter den Bedingungen der Gegenwart geht es Armin Krenz um Selbstbildung der pädagogischen Fachkraft und um Selbstbildung des Kindes.

Die gebildete pädagogische Fachkraft

- orientiert sich an den Bedürfnissen des Kindes,
- gibt dem Kind Seelenproviant durch empathische Entwicklungsbegleitung,
- ermöglicht ihm durch seine Haltung Identitätsentwicklung und Werteentwicklung,
- führt es in einer einladenden Atmosphäre, in der es in lebensbezogenen ganzheitlichen Projekten zusammen mit anderen spielen, üben und lernen kann.

Diese „pädagogische Atmosphäre" (Bollnow) ermöglicht dem Kind,

- sich selbst zu bilden (in der Bildungswissenschaft wird von einer „Bildung aus 1. Hand" gesprochen, im Unterschied zu einer „Bildung aus 2. Hand", die dem Kind durch erwachsenengesteuerte Programme, zuvorderst im kognitiven Bereich und in teilleistungsorientierten Lernangeboten vorgesetzt wird, unabhängig davon, ob dies der Lebenssituation des Kindes oder seinem aktuell vorhandenen Beschäftigungsbedürfnis entspricht),
- die Welt im Spiel/in Projekten und in den vielfältigsten Alltagssituationen zu erkunden und zu erobern,
- neugierig zu fragen und gemeinsam auf eine Antwortsuche zu gehen,
- allein oder gemeinsam Zusammenhänge zu entdecken und zu erforschen,
- zu experimentieren und zu probieren, zu erkunden und Neues zu erleben, die Welt zu begreifen und zu ergreifen und
- sich die fremde (oft ängstigende) Welt in einem förderlichen Entwicklungstempo vertraut zu machen und Sicherheit aufzubauen.

3. Spiel als Bildungsmittelpunkt

Spiel und Freude sind wie die zwei Seiten einer kleinen Münze.
Sie zu missachten, heißt auf Reichtum zu verzichten.

Verfasser unbekannt

Armin Krenz versteht das „Spiel als den eigentlichen Beruf des Kindes" (Krenz 2009). Im Spiel erweitert das Kind seine Lernpotenziale und vielfältige Kompetenzen. Es stabilisiert vor allem seine Ich-Identität, verbessert die Belastbarkeit, seine Aufmerksamkeit für sich selbst und sein (un-)mittelbares Umfeld und seine soziale Sensibilisierung.

Das Spiel wird häufig als überflüssiger Zeitvertreib, als Spielerei gesehen und in der Pädagogik als ein zu vernachlässigender Faktor eingestuft. Immer seltener sind sich Eltern – und auch vermehrt Fachkräfte – der Tatsache bewusst, dass Kinder in bindungsstarken Spielsituationen alle Fähigkeiten für ihr Leben aufbauen (könnten), die sie später einmal für eine aktive, kreative und selbstbewusste Lebensgestaltung brauchen. Viele Forschungsergebnisse zeigen übereinstimmend, dass das Spiel als Vorstufe und Nährboden für einen darauf aufbauenden Erwerb schulischer und beruflicher Fähigkeiten zu gelten hat und von entscheidender Bedeutung für die Persönlichkeitsentwicklung eines Kindes ist.

Neurobiologen haben gezeigt, dass durch Spielen viele unterschiedliche Regionen des menschlichen Gehirns aktiviert werden, weil Kinder ihre ganze Aufmerksamkeit auf die Erlebnisse des Schauens und Betrachtens, des Hörens, des Fühlens, des Begreifens ausrichten und dabei ihre Fantasie nutzen, um sich Ereignisse selbst zu verdeutlichen, diese mit einer bunten Gedankenvielfalt ausschmücken, Ziele definieren und Strategien für eine Spielhandlung entwickeln.

Kinder bringen ein außergewöhnlich großes Interesse für ihr Umfeld und ein hohes Neugierverhalten mit auf die Welt. Durch die alltäglichen Sinnesreize werden Interesse und Aufmerksamkeit für diese „Welteindrücke" aktiviert. Interessant sind alle Dinge, die sich bewegen, die Töne erzeugen, die sich anfassen lassen, die intensiv riechen oder zu schmecken sind sowie Situationen, die das Kind vor ein Rätsel stellen und auf der Suche nach einer Antwort eine emotional-kognitive Neugierde hervorrufen. Dabei merken Kinder, dass man selbst aktiv werden und in den vielfältigsten Situationen und mit den bereitliegenden Dingen etwas tun kann. Aus dieser Neugierhandlung (Was geschieht dort? Wozu ist das da? Was kann ich damit anfangen?) entwickelt sich nach und nach eine aktiv gestaltete Spielhandlung, die sich aus unendlich vielen Einzeltätigkeiten im Dialog mit sich selbst, mit dem anderen, dem Bildungsgegenstand zusammensetzt, und das Ganze wird in einen umfeldorientierten Zusammenhang eingebunden.

Spielen entsteht also aus aktiven, eng miteinander vernetzten Erfahrungshandlungen – mit den eigenen Körperteilen, mit Gegenständen unterschiedlichster Art und vor allem in einer angenehm erlebten Beziehungsatmosphäre. Im Spiel eignen sich Kinder ganz nebenbei – je nach Spielform, Spielart, Spielinteresse und Spielverlauf – ein lebendiges, räumliches, kreatives, physikalisches, naturwissenschaftliches und mathematisches Wissen an.

Was tun, wenn Kinder keinen Weg zum Spiel finden?

Die Frage, wie Erwachsene Kinder zum Spiel(en) motivieren können, ist ganz einfach zu beantworten. Zunächst sollten sie von Anfang an ein echtes, authentisches Interesse an den Tätigkeiten der Kinder empfinden und zeigen, um ihre geweckte Neugierde zu unterstützen und Kindern damit zu helfen, in Spielsituationen hineinzufinden. Anschließend sollten sie selbst viel mit den Kindern zu spielen (und nicht nur Spielanleitungen geben!), weil das Spiel für viele Kinder dann besonders interessant wird, wenn Erwachsene aktive Spielpartner sind! Dabei ist noch eines wichtig: Im Vordergrund des Spiels darf nie ein Förder- oder Schulungsgedanke stehen. Damit würde jedes Spiel funktionalisiert werden – eine Tatsache, die leider in vielen Kindertageseinrichtungen in immer stärkerem Maße zu beobachten ist. Der Zweck des Spiels liegt in der Spannung, der Freude, der Aufregung, der intrinsisch vorhandenen Aktivitätsmotivation, den vielfältigen Gestaltungsmöglichkeiten und nicht in einer „Konzentrationsübung", in der „Schulung der Grobmotorik" oder im Aufbau „sozialer Kompetenzen".

Die pädagogische Fachkraft kann Bedingungen für das Spiel(en) schaffen: Manche Kinder haben schon so viel Spielmittel bzw. Spiel-„zeug", dass ihre Kinderzimmer einem vollgestopften Warenlager gleichkommen. Dasselbe ist in manchen Kitas zu beobachten. Zu viele Spielmittel hemmen den fokussierten Reiz des Kindes, in sein individuelles Spielverhalten einzusteigen. Von Zeit zu Zeit sollte daher in den Gruppenräumen ebenso wie im Kinderzimmer das Spielmittelangebot überprüft werden.

Ein Lehrsatz der Spielpädagogik lautet: „Weniger das Viele als viel mehr das Wenige." Nur wer eher wenige (allerdings für das Kind selbst attraktive) Spielmittel hat, weiß Spielmittel zu schätzen! Wir müssen wegkommen von einer „Ex-und-hopp-Gesellschaft" – einer Einstellung, die etwas mit Konsumüberfluss zu tun hat. In dem

Fall, in dem neue Spielmittel gekauft werden, geht es darum, dass a) Kinder damit vielfältige, variable Spielmöglichkeiten haben, b) die Verarbeitung des Spielzeugs gut und es daher langlebig ist. Bewährte Spielmittel sollten eher ergänzt werden als immer neuartige Spielmittel hinzuzufügen, damit Kinder bei einer Spielgeschichte bleiben können! Statt neuer Spielmittelkäufe eignen sich mitunter unterschiedlichste Gegenstände der Erwachsenenwelt, von stabilen Kartons über Rohre, Stoffe und alte Geräte bis hin zu Brettern und Dosen, von Utensilien zum Verkleiden bis zu Werkmaterialien. Je intensiver solche Alltagsgegenstände ins Spiel miteinbezogen werden, desto weniger sind Kinder auf ständig neues Spielzeug fixiert.

Kinder wollen und müssen spielen (dürfen)

Viele Spielmittel haben sich im Laufe der letzten Jahre verändert. Doch Kartenspiele, Quartetts und Sammelkarten gab es früher ebenso wie heute und Ritterburgen von damals haben sich heute zu hochgerüsteten galaktischen Weltraumstationen gewandelt. Auch Barbie gab es schon – nur nicht in dieser Auswahl und Vielfalt. Rollen- und Kartenspiele wurden damals ebenso gespielt wie Konstruktionsspiele – was damals als „Stabilbaukasten" zur Verfügung stand, wird heute mit unendlich vielen Stecksteinbausätzen ermöglicht. Auch damals wurden Aggressionsspiele zum Austoben, Fußballspiele oder andere Bewegungsspiele von Kindern mit Vorliebe genutzt. Allerdings sind einige Spielformen (Märchenspiele, Theaterspiele, Sozialregelspiele, musisch-rhythmische und Handpuppenspiele) in vielen Kindergärten und Elternhäusern leider immer seltener anzutreffen, was der emotional-sozialen und intellektuellen Entwicklung von Kindern schadet. Schließlich ist bekannt, dass gerade die Bereiche Spiel- und Schulfähigkeit eng zusammenhängen. Stattdessen werden viele Tagesabläufe der Kinder mit teilleistungsorientierten Anleitungstrainings und vor allem kognitiven Übungen sowie mit anderen Tätigkeiten voll ausgefüllt. Das Kind muss dadurch den Eindruck gewinnen, dass eigene Aktivitätsimpulse keinen Bedeutungswert besitzen – dabei muss das Spiel notgedrungen auf der Strecke bleiben.

Je mehr Kinder die unterschiedlichsten Spielformen (von Entdeckungs- über Wahrnehmungsspiele, vom Schatten- über das Rollenspiel, von Bewegungs- und Musikspielen bis zu lebendigen Märchen- und Szenenspielen) kennenlernen, desto größer sind ihr Spiel- und damit auch ihr Lernpotenzial.

Wird also dem Spiel diese hohe Bedeutung beigemessen, so werden bestimmte Fertigkeiten neuronal gebahnt, zum Beispiel Ausdauer, Konzentration, Anstrengungsbereitschaft und Lösungsorientierung. Was für ein bedeutsames Ergebnis!

Diese im Hirn angelegten Bahnungsprozesse entscheiden wiederum im späteren Leben darüber, ob und wie intensiv sich ein Kind gerne neuen, völlig unbekannten, als Herausforderung erlebten Aufgaben zuwendet, konzentriert lernen kann und handlungsaktiv sowie selbstmotiviert nach Lernergebnissen sucht. Anders ausgedrückt: Das Spiel(en) setzt mit seinen ihm selbst innewohnenden Potenzialen Entwicklungen in Gang, die für ein komplex verschaltetes Gehirn sorgen und zeitlebens helfen, die vorhandenen Potenziale zu differenzieren und weiter auszubauen.

Um dem Erlebnisschwerpunkt „Spiel" wieder zu seiner hohen Bedeutung in der Elementarpädagogik zu verhelfen, bedarf es eines bedeutungsbesetzten Bewusstseins der pädagogischen Fachkraft und einer selbstkritischen Reflexion, welchen Wert das SPIEL in der alltäglichen Praxis tatsächlich besitzt und wie es in Familie und Einrichtung betrachtet und erlebbar umgesetzt wird. Dazu bieten sich folgende Reflexionsfragen an, wobei die Antworten mit jeweils praktischen Ausführungen/Beschreibungen/Beispielen belegt werden sollen:

- Welche aktive oder passive Rolle nimmt die pädagogische Fachkraft während der unterschiedlichen Spielaktivitäten der Kinder ein?
- Ist sie bereit, den Kindern ein spielinteressiertes, aktives und (selbst-)motiviertes Spielvorbild zu sein?
- Gibt es bestimmte Spielformen, die besonders bevorzugt, vernachlässigt oder ganz außer Acht gelassen werden? Wenn ja, warum und wie ist dieser Umstand zu verändern?
- Stehen den Kindern ausreichend unterschiedliche Spielmittel zur Verfügung, ohne dass diese zu einer unübersichtlichen Reizüberflutung führen?
- Besteht für die Kinder die Möglichkeit, bei jedem Wetter auch draußen zu spielen, und welche Spielmöglichkeiten finden Kinder dort vor?
- Gibt es für die Kinder sowohl in der Einrichtung als auch auf dem Freigelände eine ausreichende Spielfläche?

- Wie viel „Spielzeit" wird den Kindern täglich zur freien Gestaltung zur Verfügung gestellt?
- Können Kinder ihre Spiele zu Ende spielen oder werden ihre Spieltätigkeiten häufig unterbrochen?
- Hat die pädagogische Fachkraft die wissenschaftlich belegbare „Lerneffizienz" des Spiels erkannt?
- Bildet sie sich regelmäßig im Bereich der Spielpädagogik weiter?

Zaubermittel Märchen

Wenn Du intelligente Kinder haben willst,
lies ihnen Märchen vor.
Wenn Du noch intelligentere Kinder willst,
lies ihnen noch mehr Märchen vor.

Albert Einstein

Besonders die Märchen aus der Frühzeit der Menschheit lassen die Kinder die Kräfte des Guten und Bösen ahnen, ebenso die Verzauberung und Wandlung. Märchen helfen den Kindern, schwierige persönliche Lebenssituationen in Entwicklungschancen zu wandeln, und können auch als „therapeutisches Angebot" verstanden werden (vgl. Krenz 2020, S. 4).[6]

Märchen dürfen nicht in eine verstaubte Ecke der Pädagogik gedrängt werden, denn sie thematisieren in bildhafter (symbolischer) Sprache Grundfragen des Lebens und Grundmotive menschlichen Handelns und sind ein fester Bestandteil des Menschseins, denn sie thematisieren zum Beispiel Freude und Trauer, Hoffnung, Eintracht und Zwietracht, Alleinsein und Gemeinschaft, Unsicherheit und Sicherheit, Mut und Mutlosigkeit, Hilfsbereitschaft und Selbstbezogenheit, Not und Wandlung von Nöten. Märchen sind ein unentbehrliches Bildungsgut, sie lösen auftauchende Probleme und vermitteln beim Zuhören ein hohes Maß an Sicherheit, stets wird am Ende das Gute belohnt und das Böse bestraft.

---

6 Armin Krenz hat in diesem Beitrag den Bedeutungswert von 211 Kinder- und Hausmärchen unter entwicklungspsychologischen und psychoanalytischen Gesichtspunkten analysiert und für die Praxis differenziert und übersichtlich ausgeführt. Auf diesen inhaltsreichen Text weise ich ausdrücklich hin.

Ihre Symbolsprache wirkt wie eine Universalsprache der Menschheit, die in allen Kulturen verstanden wird. Diese Sprache wird als bedeutsame Quelle der Weisheit gesehen. Kinder haben ein ursprüngliches Bedürfnis nach dieser Quelle. In der Märchenwelt ahnen und erleben sie die Inhalte, die sie nach ihren eigenen fantasiereichen Vorstellungen spielerisch weiter ausgestalten und erschließen. Sie pflegen die Weisheit des Herzens und erleben Inklusion im menschheitsgeschichtlichen Zusammenhang.

Im Märchen identifizieren sich die Kinder mit Personen und wünschen sich einen guten Ausgang. Hier greift das Märchen in die seelischen Schichten des Kindes ein, es aktiviert sein inneres Erleben und hält sein Denken und Fühlen in Bewegung. Märchen dürfen nicht zwischen Tür und Angel so nebenbei als Lückenbüßer herhalten, denn die Kinder wollen sich in Ruhe dem Inhalt zuwenden und in Gedanken verweilen. Um diesem Bedürfnis zu entsprechen, ist zu beachten:

- „Das Vorlesen soll in einer warmen, kuscheligen, gemütlichen Atmosphäre geschehen (wozu auch ein abgedunkelter Raum beitragen kann).
- Märchen wollen mit einer ruhigen, langsamen Sprache und einer wortgetreuen Wiedergabe vorgelesen werden.
- Selbstverständlich können Kinder auch während des Vorlesens Fragen stellen oder Anmerkungen (die allerdings unkommentiert bleiben sollen) vornehmen.
- Nach dem Vorlesen gibt es immer weiterführende Möglichkeiten, um sich fortsetzend mit dem Märchen zu beschäftigen (Gespräche über einzelne Situationen, Umsetzung in Rollenspiele [mit Utensilien], Mal- und Werkaktivitäten, Bewegungs-/Singspiele [abgeleitet aus dem Märchen] ...).
- Märchenbücher sollten möglichst keine Bilder beinhalten, um Kinder nicht in ihrer Fantasie einzuschränken und von ihren eigenen Bildvorstellungen abzulenken.
- Ritualisierte Abläufe sorgen zusätzlich für eine hohe Aufmerksamkeit. So wird das Märchenbuch aus der Schatztruhe geholt, nachdem die Kinder bis zu einer bestimmten Zeit gezählt haben, und erst dann wird die Truhe geöffnet. Die Kinder suchen sich nun eine gemütliche Sitz-/Liegeposition aus und werden mit dem

‚Zauberstab' in die Welt der Märchen hineingeführt." (Krenz 2020, S. 11)

Der führende Neurologe Gerald Hüther erkennt die hohe Bedeutung des Märchens für die Entwicklung des Kindes. Er sagt: „Stellen Sie sich vor, es gäbe ein Zaubermittel, das Ihr Kind stillsitzen und aufmerksam zuhören lässt, das gleichzeitig seine Fantasie befähigt und seinen Sprachschatz erweitert, das es darüber hinaus auch noch befähigt, sich in andere Menschen hineinzuversetzen und deren Gefühle zu teilen, das gleichzeitig auch noch sein Vertrauen stärkt und es mit Mut und Zuversicht in die Zukunft schauen lässt. Dieses Superdoping für Kindergehirne gibt es. [...] Dieses unbezahlbare Zaubermittel sind die Märchen, die wir unseren Kindern erzählen oder vorlesen." (zit. n. Krenz 2020, S. 7; vgl. Klein 2022b, S. 78–82)

4. Spiel- und Sprachförderung

Gerade in der heutigen aktuellen Diskussion um nötige Sprachförderung geht es im Situationsorientierten Ansatz nicht um irgendein Sprachförderprogramm, sondern darum,

- insgesamt im Alltag, sowohl im Spielgeschehen als auch in den unterschiedlichsten Interaktionsprozessen viel und sorgsam miteinander zu sprechen, aufeinander hören zu wollen,
- miteinander zu singen, zu dichten und zu reimen,
- lebendige Dialoge miteinander zu führen (und keine Monologe auf Kinder loszulassen),
- statt auf Fragen Antworten zu geben, gemeinsam nach befriedigenden Antworten zu suchen,
- über Kinder und ihre Tätigkeiten zu staunen (statt zu loben),
- über „Gott und die Welt" zu philosophieren,
- vielfältige Bewegungsaktivitäten gemeinsam zu erleben und zu genießen, Geschichten zu erfinden, Symbiose-, Trennungs- und Individuationsmärchen zu lauschen,
- Theaterstücke gemeinsam zu entwickeln und diese dann auch miteinander aufzuführen.

Sprachförderung ist somit ein integrierter Bestandteil im pädagogischen Alltag (vgl. Krenz 2022b).

In ähnlicher Form verhält es sich mit allen anderen Förderbereichen, in denen die pädagogische Fachkraft ein fester, zuverlässiger und gern gesehener Bestandteil der Kindergruppe ist. Da Forschungsergebnisse gezeigt haben, dass Kinder bei einer frühkindlichen Fremdbetreuung häufig deutliche Verhaltensirritationen zeigen, muss es der Fachkraft gelingen, Kindern zur Entwicklung einer Resilienz zu verhelfen, um durch ihre dann vorhandene Widerstandsfähigkeit aufkommende Krisen zu meistern. Mithilfe eines starken emotionalen Immunsystems können Kinder Belastungen besser aushalten und bei Problemen lösungsorientierte Handlungsschritte in Gang setzen. Insofern kann die pädagogische Fachkraft durch ganz bestimmte Verhaltensmerkmale als Resilientin für Kinder wirken.

Hier schließt sich der Kreis im Situationsorientierten Ansatz: Durch intensive, Sicherheit vermittelnde Bindungserfahrungen schafft die pädagogische Fachkraft wesentliche Voraussetzungen für eine förderliche psychosoziale und kognitive Entwicklung. Sie aktiviert durch

- ihre Aufgeschlossenheit,
- ihre personale Stabilität,
- ein stützendes Beziehungsklima,
- ihre konstruktive Kommunikation,
- ihre ausdrucksstarke Klarheit,
- ihre klare und transparente Regeleinhaltung,
- ihre positive Verstärkung kindeigener Leistungsansätze,
- ihre Beharrlichkeit (Festigkeit ohne Starrheit) und
- das Ermöglichen einer subjektiv bedeutsamen Selbstwirksamkeit

den Rahmen dafür, dass Kinder in klaren, durchschaubaren und einschätzbaren Strukturen ihre Entwicklungsressourcen entdecken, auf- und ausbauen können: Tag für Tag.

Fazit

„Bildung durch Bindung" (Krenz/Klein 2013) im gestalteten Erfahrungs- und Bildungsraum des Kindes

- entspricht seinem Bedürfnis nach Sicherheit, Kontinuität, Rhythmus und Wiederholung,
- schafft Zufriedenheit, Freude und Dankbarkeit im Miteinander und
- sorgt dafür, dass sich Kinder möglichst keinen Trennungserlebnissen, Beziehungsnöten, Bedrohungsängsten, Auslieferungs- oder Ohnmachtserlebnissen ausgesetzt fühlen. Diese Vulnerabilitäten (seelische Verletzungen) zerstören Voraussetzungen für eine sichere Bindung und sind daher im Selbstverständnis des Situationsorientierten Ansatzes ausgeschlossen.

In diesem gemeinsam strukturierten Raum des Wohlfühlens bilden sich entwicklungsneurologisch fundierte gesundheitsfördernde und emotional stabilisierende Persönlichkeitsmerkmale sowie stabile soziale Gewohnheiten, die dem Kind mit und ohne Behinderung Sicherheit und Zuversicht in die Potenziale und Ressourcen der eigenen biopsychosozialen Entwicklung geben.

Die Liebe zum Leben achtet die Würde des Kindes

Vorbemerkung

Im Grunde ist alles, was mit Erziehung zusammenhängt, persönlich oder existenziell. So war es, als die Menschen anfingen, über Erziehung nachzudenken und ihre Erfahrungen weitergaben; so ist es bis heute geblieben: Erwachsene und Kinder begegneten einander. In diesem Begegnungsraum gaben die Erwachsenen ihr Wissen und Können an die Kinder weiter.

Kinder mit erhöhtem Erziehungsbedarf haben heute im Begegnungsraum Kindertageseinrichtung einen Rechtsanspruch auf eine heilende oder ganzmachende Erziehung. Diese heilpädagogisch fundierte Elementarpädagogik ist für die „inklusive Kita-Kultur“ geboten (vgl. Klein 2022, S. 22 f. und S. 72).

Ich versuche, durch achtsames Begegnen mit dem Kind in eine Resonanzbeziehung zu kommen und ihm selbstwirksames Handeln zu ermöglichen.

Einführende Impulse

Wahrnehmungen zum sozialen Miteinander

Heute finden viele Menschen keinen ausreichenden Ratgeber mehr und leben in existenzieller Angst. Weit verbreitet ist die Angst vor dem anderen. Noch vor Jahrzehnten hatte man Angst vor einem bestimmten Schuldigen, den man ausmachen und bekämpfen konnte. Heute kann man die Ursachen der Angst nicht mehr dingfest machen und gezielt angehen. Es können verschiedene, miteinander verwobene Ursachen ausfindig gemacht werden. Liegen sie im Beziehungsgeflecht mitten unter uns? Sozialpsychiater und Vertreter der Psychosomatischen Medizin sprechen von Menschen mit „Sozialphobie“ und weisen sogar auf eine sich entwickelnde „autistische Gesellschaft“ hin. Sie sehen in der autistischen Beziehungsstörung mit der ihr eigenen Gefühlskälte und Distanz zum anderen Menschen eine Gefahr für die Demokratie, für das Denken in Freiheit, für die Liebe zum Leben (vgl. Klein 2018, S. 54).

Was können wir tun?

Mitten in einer Zeitenwende blicken wir auf kriegerische Konflikte und auf das aus ihnen entstehende Leid. Wir erleben die wirtschaftlichen Konsequenzen, die Energiekrise, die Klimakrise mit der Gefährdung der Erde und ihrer Atmosphäre. Was können wir in dieser friedlosen, konfliktreichen und ängstigenden Zeit, die ihre Spuren in Kindertageseinrichtungen hinterlässt, tun?

Geboten ist das feinfühlende Begegnen von Mensch zu Mensch und nicht das distanzierte Reden über den anderen: Dieser Dialog entsteht durch das Verstehen des anderen und das Anerkennen seiner Würde durch möglichst vorurteilsfreies Handeln. Persönliche Erfahrungen sind gefragt.

Persönliche Erfahrungserkenntnis

Wissenschaft darf kein einsames Denken im Elfenbeinturm sein und keinen Selbstzweck haben. Forschen und Lehren müssen sich legitimieren als elementares Denken aus der Lebenspraxis heraus und zu einem gelingenden, menschlicheren Leben beitragen. Sie gründet in einer globalen Ethik der „Ehrfurcht vor dem Leben" (Schweitzer),[7] die über den nationalen Rahmen hinausreicht und der Menschheit auf diesem Planeten dient. Diese Lebensethik macht uns die Einmaligkeit und Gleichwertigkeit aller Lebensformen bewusst. Es geht hier nicht zuerst um Maßnahmen und Regeln, sondern um ein sich Hingeben an den Lebenswillen des anderen Menschen, des Lebendigen in der Natur überhaupt.

Als Wissenschaftler mit dem Schwerpunkt inklusive oder heil- und ganzmachende Erziehung nehme ich wahr, dass zahlreiche Kolleginnen und Kollegen von der Theorie, also dem rein logischen Denken ausgehen und sich davon leiten lassen. Doch beim aufmerksamen Wahrnehmen des Lebens und Lernens kommt im Grunde die Praxis zuerst. Erst die Erfahrungen, mit denen sich der Mensch erlebt, bilden seine Vorstellungen, die vom anderen ausgehen. Durch diese Erfahrungserkenntnis, die als Begegnen, als Erleben des anderen zu verstehen ist, entwickelt und vertieft die pädagogische Fachkraft ihr Bewusstsein.

Hier ist sie auf dem Weg der Wahrheitssuche. Das lag dem international bekannten deutschen philosophischen Hermeneutiker Hans-Georg Gadamer (1900–2002) am Herzen. Gadamer erkennt in seinem grundlegenden Werk *Wahrheit und Methode*: Bildung ist das, wenn der Mensch die Dinge vom Standpunkt des anderen, besonders vom Standpunkt des Kindes anschaut, seine Würde achtet und die Liebe zum Leben pflegt. Gadamer sieht in seiner Herme-

[7] Zu Albert Schweitzers Ethik siehe Klein 2022, S. 28 ff.

neutik, in seiner Kunst des Verstehens, die großen Theorien der Wissenschaftler als reine Worthülsen. Für ihn müssen die „Begriffe zu sprechen beginnen" und Erfahrungserkenntnis ermöglichen (vgl. Gadamer 1975; vgl. Klein 2022, S. 72 f.).

Beispiel aus der Dichtkunst

Diese lebenserfüllte Sprache pflegt Navid Kermani, freier Schriftsteller und Essayist, unter anderem Träger des Friedenspreises des deutschen Buchhandels. Kermani stellt Fragen nach Gott, er reflektiert lebensbedeutsame Erfahrungen und Zusammenhänge. Schauend und fühlend versenkt er sich in existenzielle Gedanken. Er fragt nicht nach Ursachen und Wirkung (wie in der Naturwissenschaft), sondern weist mit der ihm eigenen Vernunft und dem ihm eigenen Bewusstsein in sprachlich gefassten Bildern auf das hin, das ihn bewegt und über alles hinausgeht und sich nicht mehr begrifflich fassen lässt, sondern sich in meditativer Bildbetrachtung erschließt.

In dichterischer Sprache wägt Kermani ab. Für ihn hat die Vernunft ihren Sitz im Herzen. Dieses „kluge Herz" (Kermani 2022, S. 152) trägt Verantwortung für die gesamte Schöpfung, damit sich die menschliche Natur und mit ihr die Welt zum Guten entwickeln und so das offenbar im Menschen angelegte Böse letztendlich überwinden kann. Für Kermani „ist Gott schön, er liebt die Schönheit im Hier und Jetzt" (ebd., S. 189).

Kermani findet in allen Religionen die Einsicht, dass „Gott im Menschen selber wirkt, atmet, wohnt, und je mehr sich die Gläubigen ihrer eigenen Seelen annähern, desto mehr gleichen sich ihre Einsichten und sogar Gebete an" (ebd., S. 218 f.). Sie fühlen sich eins mit dem Schöpfer und der Schöpfung. Sie leben die Liebe zum Leben. Wirkt nicht Gott gerade in den Seelen der kleinen Kinder?

Liebe zum Leben ist die kostbarste Eigenschaft des Menschen

Achtung des anderen

Gerade das kleine Kind will einen Menschen, der die Liebe zum Leben pflegt. Diesem biophilen Menschen will es nachahmen und sich von ihm erziehen lassen. Das erkannte der Psychoanalytiker, Philosoph und Sozialpsychologe Erich Fromm (1900–1980) in seiner bereits erwähnten sozialgeschichtlichen Studie über die „Anatomie der menschlichen Destruktivität“ (Fromm 1974; vgl. Seite 13 f.).

Erziehung als Kunst verstehen

Ein Kultivieren der pädagogischen Begriffe ist für die Erziehung, die ich als Kunst verstehe, geboten. In der Kunst haben sich die Menschen früher ausgesprochen: „Weit über die Theorie (Urteil, Verstand) und Praxis (Handeln, Wille) hinaus offenbarte sich ihnen, wer sie waren, aus welchen Kräften sie lebten.“ (Weizsäcker 1983, S. 326)

Darauf macht der Physiker, Philosoph und Friedensforscher Carl Friedrich von Weizsäcker (1916–2007) die Pädagogik aufmerksam: Kunst ist das beglückende Wahrnehmen und Schaffen von Gestalten. Deshalb bedürfen Theorie und Praxis der Ergänzung und Vertiefung durch die Kunst, die aus der Herzmitte kommt. Geboten ist ein erfahrungsbezogenes Meditieren (Versenken in den Gegenstand, geistiges Üben), das ein schmerzlicher und zugleich heilender Prozess ist.

Die pädagogische Antwort auf Tendenzen der Zeit

Erziehung darf nicht allein dem naturwissenschaftlichen Denken folgen

Am Ausgang der Moderne ist der gesamte Bereich der Kultur und Bildung von einem epochalen Wandel erfasst, der zu neuen Anforderungen an die pädagogische Professionalität führt (vgl. Klein 2018, S. 47 ff.). Die Wissenschaft als Orientierungsinstanz hat an Ansehen verloren.

Die erziehungswissenschaftliche Theoriebildung unterscheidet in der Regel drei Ebenen mit absteigendem Abstraktionsniveau:

1. Prüfen von objektiven Kriterien für eine gesicherte Theorie,
2. Erkennen und kritisches Prüfen von Begründungszusammenhängen und Prinzipien,
3. um daraus ein gutes Handeln in der Erziehungs- und Begegnungssituation zu gewinnen.

Um diese Ableitungen (vom Abstrakten zum Konkreten) geht es der exakten Naturwissenschaft. Allein daran darf sich die Erziehung nicht orientieren, denn sie hat es nicht mit einem zu untersuchenden Ding zu tun, sondern mit dem lebendigen Menschen.

Gerade in der jüngeren Geschichte der Pädagogik ist die Kluft zwischen der konkreten Wirklichkeit (Erfahrung, Lebens- und Erziehungspraxis) und der abstrakten Idee (Theorie, Begriff) immer größer geworden. Praxis und Theorie klaffen weit auseinander. Es wird viel zu viel in begrifflicher Distanz gesprochen. Dadurch entfernt sich die Erzieherpersönlichkeit immer weiter von den ursprünglichen Fragen nach dem wirklichen Kind und der gemeinsamen Daseinsgestaltung (vgl. Klein 2018, S. 47 ff.).

Wir leben in einer Zeit, in der alles am Menschen als materiell erklärbar gilt. Der Körper wird durch die Genetik erklärt, das Fühlen durch die Psychologie und das Bewusstsein durch die Neurologie. Es droht das Analysieren von nachweisbaren Daten über bestimmte verifizierbare oder falsifizierbare Sachverhalte, um daraus Gesetzmäßigkeiten, zumindest aber Wahrscheinlichkeiten von möglichen oder zu erwartenden Folgen abzuleiten. Durch diesen Objektivismus werden die individuellen Qualitäten auf das Materielle, auf abstrakte Quantitäten reduziert und das lebenserfüllte Verständnis für das Erziehen des Menschenkindes schwindet. Es droht auf der Strecke zu bleiben und der Mensch als Subjekt mit seiner tiefen Sehnsucht, den Dingen eine neue Bedeutsamkeit, einen tieferen Sinn, einen Eigenwert zu verleihen, geht verloren.

Bemerkenswert ist der Hinweis, dass im Kontext dieses naturwissenschaftlichen Denkens das Wort „Liebe" nicht vorkommt, obwohl der große Reformpädagoge und Arzt Janusz Korczak (1878–1942) in seinem Hauptwerk *Wie man ein Kind lieben soll* davon spricht (Näheres in Klein 2022).

Der Mensch ist das Maß

Für die Erziehung ist der Mensch das Maß aller Dinge. Geboten ist das Verstehen und Neuverstehen der Erziehungswirklichkeit, die auf ihren Sinngehalt befragt wird und einer grundlegenden Reform bedarf. Die sozial- und geisteswissenschaftliche Forschung findet auf herausfordernde Gegenwartsfragen keine hinreichenden Antworten. Gerade die pädagogische Praxis erkennt die Notwendigkeit, sich alte Einsichten neu bewusst zu machen, über die eigene Disziplin hinauszuschauen und interdisziplinär zu denken.

Beispiele:

Die Lektüre des Buches der Mutter Mareice Kaiser „Alles inklusive. Aus dem Leben mit meiner behinderten Tochter" (Kaiser 2016; siehe auch www.kaiserinnenreich.de) erwärmt einerseits das Herz des Behindertenpädagogen Wolfgang Jantzen und treibt andererseits Tränen in seine Augen. Das Buch verdeutlicht ihm „gnadenlos, in welcher ausgrenzenden Gesellschaft wir leben", die eine technisch-formale Verantwortung vorgibt, aber die Liebe zum Menschen nicht achtet (vgl. Jantzen 2017, S. 7).

Darauf weisen auch die deutschen Armutsberichte hin. Kinderarmut und Ausgrenzung sind von neoliberalen Denk- und Handlungsmustern nicht zu trennen. Ellenbogenmentalität und soziale Kälte breiten sich weiter aus und spalten die Gesellschaft (vgl. Bude 2011). Der andere wird häufig zum Objekt der eigenen selbstbezogenen und selbstoptimierenden Wünsche.

Dialog aus der Quelle des Guten pflegen

Entscheidend ist das Vertrauen des Erkennenden zu sich selbst und zum Kind. Dieses Vertrauen im Dialog macht frei, führt zu neuen Horizonten für das kommunikative Handeln in einem nie abschließbaren Prozess, denn jede Frage wirft eine neue auf. Hier wird das Denken-und-Handeln in intersubjektiven Situationen konkret und der Einzelne kann die reale Welt weiter zum Guten (mit-)gestalten.

Wo aber ist das Gute zu finden, für das sich jeder frei entscheiden kann? „Entspringt die Quelle des Guten aus der Beziehungsfähigkeit der Menschen untereinander, indem sie Sorge, Mitleid und Liebe empfinden? Oder finde ich das Gute, indem ich mich entschließe, es zu tun – soweit meine Fähigkeit und mein Bewusstseinsvermögen reichen, meine Erfahrung wächst, sowie die Bereitschaft, aus Fehlern zu lernen?" (Glöckler 2002, S. 7)

Geboten ist eine achtsame Haltung

In wissenschaftlichen Abhandlungen wird die Haltung des Erziehers und der Erzieherin kaum thematisiert. Der Begriff scheint zu einer leeren Floskel zu degenerieren, obwohl ihn die empirische Forschung als effektstärksten Wirkfaktor erkennt (vgl. Hattie/Zierer 2018).

Achtsame Haltung lässt gewohnte theoretische Systeme hinter sich, an die sich viele um den Preis klammern, dass sie sich aus dem schöpferischen Denken und Handeln verabschieden. Doch mit der Übernahme fertiger Formeln trüben sie den Blick für pädagogisch bedeutsame Sachverhalte. Und sie verlieren das wirkliche Kind aus den Augen.

Im Gegensatz zu dieser herzlosen Distanz bildet die Erzieherpersönlichkeit in intersubjektiven Begegnungen ihre pädagogische Professionalität weiter: Sie lernt die Wirklichkeit als soziales und gesellschaftliches Handlungs-, Reflexions- und Erkenntnisfeld kennen. Hier steht sie mit ihrer Anschauung (Theorie) mitten im Prozess der Erziehung und entwickelt aus der Beziehung mit dem Kind jene methodische Haltung, die ihm Selbstwirksamkeit und Selbstgestaltung ermöglicht.

Etymologisch weist Haltung auf eine innere Grundhaltung hin, die das Denken und Handeln prägt. Eine pädagogische Fachkraft, die aus dieser Haltung heraus wirkt, kann nicht mehr beliebig denken und handeln. Sie hat einen wertbezogenen Standpunkt, wird auch die Standpunkte anderer gelten lassen und aus der Auseinandersetzung mit diesen den eigenen Standpunkt weiterentwickeln. Durch diese Reflexion wird ein fruchtbarer Selbstbildungsprozess angeregt und es bilden sich Maßstäbe für ein reflexives pädagogisches Handeln aus.

Erziehung darf also nicht wertneutral sein! Wenn ihre Wissenschaftlichkeit mit abstrakten und wertfreien Begriffen bewiesen werden soll, dann verliert sie den konkreten Menschen aus dem Blick.

Die pädagogische Fachkraft ist in ihren Handlungsfeldern auf wertende Entscheidungen angewiesen. Sie achtet fünf berufsethische Prinzipien:

- „Offenheit gegenüber den konkreten Bedürfnissen und Bedarfen des Kindes.
- Jedes Kind ist Teil der menschlichen Gemeinschaft, sein Lebensrecht darf nicht in Frage gestellt werden.
- Jedes Kind hat ein Recht auf Bildung und Teilhabe an der Kultur, unabhängig von individuellen Erschwernissen.
- Jedem Kind ist durch individuelles pädagogisches Handeln optimale Selbstständigkeit und Lebensqualität zu ermöglichen.

- Persönliche Reflexion der Grundfragen des beruflichen Handelns im Hinblick auf das Gute und Rechte." (Haeberlin 1996, S. 341 ff.)

Im Zentrum steht die Haltung, die sich zum Maßstab für ein gutes pädagogisches Handeln herausbildet und als wertschätzend, ressourcenorientiert und diversitätsbewusst beschrieben werden kann. Das Nachdenken über diese Haltung kann niemandem aufgenötigt werden, denn jeder hat sie aus seiner Existenz heraus selbst zu leisten.

Diese Tiefenstruktur menschlichen Seins erkannte der litauisch-jüdisch-französische Sozialphilosoph Emmanuel Lévinas (1906–1995), dessen Familie die Nazis ermordet haben und dessen Philosophie die philosophische Reflexion der Gegenwart verändert. Lévinas erkannte eine bisher verborgen gebliebene Tiefe menschlichen Daseins. Sie geht aller Erfahrung, allen sozialen Regeln und Vereinbarungen voraus und ist ganz ursprünglich. Sie ist nicht logisch hergeleitet, weil sie selbst Ursprung oder Anfang ist. Das Antlitz des anderen ruft in die Verantwortung, ohne zu erwarten, dass der andere sie auch für mich übernimmt.

Der Ursprung dieser Haltung liegt in einer Tiefenschicht des Menschen, die vor der Reflexion und der Sprache liegt. Sie kommt dem Menschen aus dem Antlitz des anderen entgegen (vgl. Lévinas 1995).

Konkretes Denken ist für die Praxis geboten

Fühlend erkennen

Das aus dieser von Lévinas erkannten Haltung heraus sich entwickelnde lebensnahe Denken beschreibt Oliver Sacks: „Dr. P., ein renommierter Musikwissenschaftler, ging an Menschen so heran, als handle es sich um abstrakte Puzzles. Kein Gesicht war ihm vertraut, kein einziges war für ihn ein ‚Du'." (Sacks 1992, S. 29)

Er verfügte über ein formales Denken und sah schematische Strukturen. Ihm fehlte das einfühlende Erkenntnisvermögen. Sein Wahrnehmen entbehrte der Emotionalität, der imaginativen und initiativen Urteilskraft. Er war fähig, Hypothesen zu formulieren, jedoch blind für anschauliche Begriffe.

Konkretes Denken hingegen bezieht sich auf erlebte Gehalte, deckt Lebens- und Lernzusammenhänge auf und ermöglicht, die pädagogische Wirklichkeit zu erleben. Wohl bereichert abstraktes Denken den Verstand, doch es trägt nichts Grundlegendes zur praktischen Urteilskraft bei, die nach dem Philosophen Immanuel Kant (1724–1804) nicht gelehrt, sondern nur in Lebenssituationen erfahren und geübt werden kann. Hier gehen die Begriffe nicht ins Leere, sondern machen das Denken sinnlich begreifbar, das Goethe als das reifste Denken bezeichnet. Das veranschaulicht die pädagogische Grundsituation.

Die pädagogische Grundsituation

Eine Erzieherin erzählte mir von der Begegnung mit Angelchen, einem schwer behinderten Kind:

Beispiel:

Angelchen ist ein zierliches, blondlockiges Kind mit ernsten Augen, die nicht wahrzunehmen scheinen. ‚Frühkindlicher Autismus' lautet die Diagnose. An der Hand der Großmutter nimmt sie bei Aktivitäten unseres Spielkreises teil. [...] Angelchen brummt vor sich hin. ‚MMM – MMM', ist zu hören. Ich meine, sie will mir etwas sagen – warum antworte ich eigentlich nicht in ihrer Sprache? Jetzt weiß ich plötzlich, worauf sie vielleicht wartet: Ich antworte ihr im gleichen Rhythmus ‚MMM – MMM'. Angelchen dreht den Kopf zu mir und wiederholt erstaunt fragend: ‚MMM – MMM'. Kurze Pause, ich antworte wieder in unserer nun gemeinsamen Sprache. Angelchen ist hellwach, ihre Augen blicken nicht mehr ins Leere, sie schaut mich an, wir begegnen uns. Das Gespräch geht zwischen uns hin und her [...].

Hier begegnen sich zwei Menschen von Angesicht zu Angesicht und gestalten gemeinsam ihr Dasein, das unvermeidlich in die Verantwortung führt. Der andere wird zum Du: Eine wahrhaft inklusive Erkenntnis.

Wird er dagegen zum Gegenstand, entsteht keine Begegnung. Der andere kann distanziert als Objekt abgerichtet und manipuliert, abgeschoben und am Ende vernichtet werden.

Die Erzieherin in diesem Beispiel pflegt die Einheit von Theorie und Praxis

Sie ist ganz im Sinne des griechischen Wortes „therapeuein"[8] bemüht, das Kind mit einer helfenden und dienenden Haltung zu begleiten und zu unterstützen. Ihre „therapeutische Erziehung" wendet sich aus dem innersten Menschsein den Bedürfnissen und Bedarfen des Kindes zu und antwortet ihm mit ihrer Professionalität, ihrer Haltungs-, Wissens-, Handlungs- und Sozialkompetenz, die Professionswissen und Werthaltung einschließt. Sie ist fähig, sich in Sinnzusammenhänge und Entscheidungsstrukturen des Kindes zu vertiefen und ermöglicht ihm den Aufbau eines inneren Halts (vgl. Neuhäuser/Klein 2019, S. 12).

Hier realisiert die Erzieherin die Einheit von Theorie und Praxis. Der Prüfstein ihrer Entscheidung ist das Leben selbst, in dem die Theorie sich als sinnvoll zu erweisen hat, zwischen Menschen unterschiedlicher Fachkompetenzen geprüft und weiterentwickelt werden kann.

Die Erzieherin folgt dem Sinnkriterium der Erziehung

Sie machte sich in dem Augenblick überflüssig, in dem Angelchen sich selbst wieder Gegenstände der Kultur aneignen kann, „nicht irgendwann später, sondern immer dann, wenn sich zeigt, dass der Lernende selbständig weiterlernen kann, das ist das entscheidende Sinnkriterium der Erziehung" (Loch 1979, S. 21). Diese Lern- und Entwicklungshilfe unterscheidet sich prinzipiell von Methoden, die das Kind als Objekt wahrnehmen und gemessene Erfolge weiter verbessern wollen.

Das Anstreben einer Leistungsnorm darf kein ausreichendes pädagogisches Ziel sein, weil dadurch die handelnde pädagogische Fachkraft in Normen hängen bleibt, die von außen gesetzt werden. Sie denkt dann in Begriffen der Distanz und nicht in Begriffen der Nähe und Freundschaft. Dadurch büßt sie „die Fähigkeit ein, sich als Nachbar zur Welt zu verhalten" (Sloterdijk 1983, S. 268). Sie verliert die menschenverbindende Grundorientierung, die Sloterdijk als „Zeitkrankheit Zynismus" bezeichnet und den Weg zum Erkennen des Menschen mit seinen individuellen Bedürfnissen und Bedarfen

---

8 Der Ursprung des Wortes Therapie verweist auf das griechische Verbum „therapeuein" (dienen, Dienst tun, pflegen, besorgen). Auch Pädagogik ist ihrem Ursprung nach Dienst am Kind, der allerdings im Laufe der Geschichte zu einer „Herrschaftspädagogik" (Sünkel 1994, S. 16) verkümmerte.

verbaut. Ästhetik, Intuition, Inspiration und Einfühlung bleiben auf der Strecke und das Offene und Unfertige als Chance der Erziehung wird nicht mehr gesehen.

Den inneren und äußeren Erziehungsraum lebensnah gestalten

Zum inneren Raum

- Liebe zum Leben baut auf vertrauensvolle und feinfühlende Beziehungen zum Kind im Lebensraum Kindertageseinrichtung auf. Diese Beziehung ist grundlegende Voraussetzung, um das Kind zu unterstützen, zu begleiten und zu leiten. Die Bindungsforschung zeigt, dass ein feinfühlender Umgang mit den kindlichen Bedürfnissen der beste Weg ist, um eine vertrauensvolle Beziehung aufzubauen und zu pflegen oder „wiederherzustellen, wenn die Beziehung ins Ungleichgewicht geraten ist" (Staatsinstitut für Frühpädagogik und Medienkompetenz 2022a, S. 2).
- Studien heben hervor, dass ein frühes feinfühliges Verhalten bis ins Erwachsenenalter nachweisbar ist und eine intensive biografische Selbstreflexion, eine achtsame und bedürfnisorientierte Erziehung, Bildung und Betreuung in der Kita ermöglicht (vgl. Wedewardt/Cantzler 2022).
- Geboten ist das Gestalten einer gewaltfreien, achtsamen und wertschätzenden Beziehung zu sich selbst (Selbstempathie), das Pflegen von Wertschätzung zu Eltern und im Team, das uns das Praxis- und Übungsbuch von Barbara Leitner ans Herz legt (vgl. Leitner 2020).
- Darauf macht uns der mitfühlende Beitrag von Udo Baer besonders bei geflüchteten und traumatisierten Kindern und ihren Eltern aufmerksam. Baer verbindet Wissenschaft, Forschung und Praxis für die pädagogische Fachkraft und gibt Impulse für das eigene Selbstverständnis, das teilnehmendes Verstehen der Eltern und des individuellen Kindes verbindet. Er zeigt aufgrund seiner Praxiserfahrungen, *wie* Kinder und Eltern zu begleiten und zu leiten sind und *wie* sich die pädagogische Fachkraft durch Selbstreflexion wandeln und weiterentwickeln kann: „Wer geflüchtete Kinder unterstützen möchte, braucht den Mut, sich dem Schrecken zu stellen und sich damit auseinanderzusetzen. Er braucht auch Demut gegenüber dem, was nicht zu ändern ist, und Tat-

kraft und Mut im Hinblick auf all das, worin Kinder unterstützt werden können. Und das ist viel." (Baer 2022, S. 179)

- Die pädagogische Fachkraft ist heute erheblichen psychischen und emotionalen Belastungen ausgesetzt. Wo findet sie den Anker? Sie kann sich durch vorbeugende Maßnahmen selbst schützen, indem sie in die freie Natur eintaucht, zum Beispiel durch Waldspaziergänge. Wie sie das tun kann, zeigt der anregende Beitrag zu Stressprävention von Melanie Göb: Der Beitrag lädt auf der Basis entwicklungspsychologischer, neuropädiatrischer und neurobiologischer Erkenntnisse zum Eintauchen in die Erlebnisse der umgebenden Natur, in das Erleben der Heilkraft der Natur und zum Nachdenken über sich selbst ein, um aus der (drohenden) Erschöpfung wieder zur Selbstschöpfung, zu selbst gestaltendem (Er-)Leben zu kommen. Er ruft zur Rückkehr zu den verschütteten Wurzeln auf und ermöglicht das freie Gestalten der Selbstwirksamkeit aus tiefen Quellen des menschlichen, des persönlichen wie beruflichen Lebens (vgl. Göb 2022).

Zum äußeren Raum

- Der Wohn-, Lebens- und Bildungsraum Kindertageseinrichtung wirkt auf das emotionale Wohlbefinden und die Emotionsregulation, auf das selbstständige Erkunden und Erforschen im sozialen Miteinander. Dieser Raum kann den Kindern eine Umgebung des Wohlfühlens und der Geborgenheit geben, die zum Erkunden und Entdecken einlädt und für Kinder mit beeinträchtigter Entwicklung besonders geboten ist: Er gibt „Raum für Inklusion" (Staatsinstitut für Frühpädagogik und Medienkompetenz, 2022b).
- Die Broschüre des Staatsinstituts für Frühpädagogik und Medienkompetenz gibt sorgfältig gegliederte Anregungen, konkrete Beispiele sowie vielfältige anschauliche Literatur- und Praxistipps mit ansprechenden und ermutigenden Bildern. Sie bauen auf Praxiserfahrungen verschiedener pädagogischer Fachkräfte auf und zeigen, wie bestehende Barrieren für Kinder mit Beeinträchtigungen
  - der Motorik (Barrieren reduzieren im Bereich Bewegung, Kondition und Anthropometrie),
  - des Sehens (Barrieren reduzieren im Bereich der visuellen Wahrnehmung),

- des Hörens (Barrieren reduzieren im Bereich der auditiven Wahrnehmung),
- der Kommunikation (Barrieren reduzieren im Bereich der Kommunikation),
- der Kognition und des Verhaltens (Barrieren reduzieren im Bereich Kognition und Emotion)

in der Gruppe abgebaut werden können. Diese heilpädagogisch hervorragend durchdachten Impulse sind für alle Kinder der inklusiven Gruppe hilfreich, denn sie ermöglichen ihnen Selbstwirksamkeit und Selbstgestaltung im Lebensraum Kindertageseinrichtung.

Fazit

- Auf die Liebe zum Leben weist uns der renommierte Soziologe und Resonanzforscher Hartmut Rosa in seinem sozialphilosophischen Plädoyer zur Demokratiestärkung hin: In einfacher und gehaltvoller Sprache fragt er im SPIEGEL-Bestseller-Buch *Demokratie braucht Religion* (Rosa 2022) nach dem Potenzial der Religion für unsere Zukunft in der Demokratie. Rosa erkennt das Urphänomen des zwischenmenschlichen Miteinanders, das für Kindertageseinrichtungen grundlegend ist: Der von der pädagogischen Fachkraft gestaltete Resonanzraum antwortet auf das Bedürfnis und den Bedarf des Kindes und ermöglicht ihm Selbstwirksamkeit (vgl. Klein 2022, S. 12).
- In diesem dialogisch gestalteten Erziehungsraum wird mit dem Kind (und nicht über das Kind) gesprochen. Dieser Raum achtet das Kind in seiner Menschenwürde und in seiner individuellen Besonderheit. Er bietet der „drohenden Resonanztaubheit die Stirn" (ebd., S. 74).
- Pädagogik ist als Wissenschaft der Haltung und des konkreten lebensbezogenen Handelns zu verstehen. Sie ist im Gegensatz zur Naturwissenschaft nicht wertneutral. Einfach und klar sagt hierzu der Schweizer Heilpädagoge Heinrich Hanselmann (1885–1960): „Sollten aber Wertung und Wissenschaft unvereinbar miteinander sein, so ist damit noch nichts gegen die Berechtigung und Notwendigkeit wertender Tätigkeit gesagt, sondern höchstens gegen die Zulänglichkeit der Wissenschaft." (Hanselmann 1955, S. 33)

- Diese wertbezogene Praxiswissenschaft bedarf der Ergänzung und Vertiefung durch die Kunst, die aus der Herzmitte der pädagogischen Fachkraft kommt. Ihr will das Kind vertrauen, denn sie liebt die Welt über all ihre Schatten hinaus. Und es traut sich selbst (wieder) mutig und neugierig die Welt mit Resilienz zu entdecken.
- Geboten ist ein erfahrungsbezogenes Nachdenken über die eigene Haltung und das an den Bedürfnissen und Bedarfen des einzelnen Kindes orientierte situationsorientierte Handeln. Dadurch bilden sich Maßstäbe für ein gutes Handeln aus, die einen fruchtbaren Selbstbildungsprozess des Kindes und der pädagogischen Fachkraft ermöglichen.

Das Erinnern an Klassiker der Pädagogik

Vorbemerkung

Dieses Kapitel stellt Fragen an die „Gesellschaft im Umbruch" und erinnert an Pädagogen, deren Denken zu Einsichten und Erkenntnissen führten, die grundlegende Impulse für die Praxis in Kindertageseinrichtungen geben. Mit ihnen frage ich: Hat die Pädagogik nicht mehr den Mut, sich mit eigenen Begriffen und Vorstellungen ihres eigenen Verstands zu bedienen?

Die pädagogische Antwort

Zur Zeitsituation

4 Ellenbogenmentalität und soziale Kälte breiten sich aus. Das Gegenüber wird häufig zum Objekt eigener Wünsche, das offene Gespräch droht zu verstummen. Das Wertesystem und die daraus erwachsenen Verbindlichkeiten für das Miteinander von Menschen gehen verloren. Der Weg in die moderne Gesellschaft führt zunehmend in soziale und kulturelle Ungewissheit, in moralische Widersprüchlichkeiten und zu erheblicher Unsicherheit (Klein 2018, S. 47).

Diese Pluralität verspricht wohl mehr Freiheit und Autonomie, destabilisiert aber bisherige Lebensmuster und hat dann Einsamkeit, seelische Verarmung sowie vermehrt individuelle Problembelastungen zur Folge. Diese desintegrativen komplexen Rahmenbedingungen können zu innerem Ausbrennen (Stichwort: Burnout-Syndrom), persönlichen Krisen, emotionaler Erschöpfung, Antriebsschwäche oder Gleichgültigkeit führen. Wie kann bei diesen weit verbreiteten Lebensfragen aus der Idee des Guten die pädagogische Praxis in der Kindertageseinrichtung gestaltet werden?

Das Hauptanliegen der Pädagogik bleibt auf der Strecke

Heute dominiert im gesellschaftlichen Leben und in den Sozialwissenschaften ein technokratisch-ökonomisches Menschenbild, das auf messbare Fakten aufbaut. Dadurch wird schon im Ansatz die Bildung ausgeblendet. Es werden Methoden priorisiert, die für das spätere Weiterkommen nützlich sein sollen und als Kompetenzförderung gefordert werden.[9]

[9] Zur Ergänzung und Vertiefung weise ich auf mein Buch „Janusz Korczak – Die Aktualität seiner Pädagogik" hin: Klein 2022a, S. 75 ff.

Eine positive Antwort gibt die Menschheitsgeschichte

Die Entwicklung des Lebens auf dieser Erde hat es uns Menschen ermöglicht, die Welt mitzugestalten. Der einzelne Mensch war von Anfang an auf den anderen angewiesen. Als soziales Wesen schuf er Kultur. Diese kulturschaffende Praxis in mitmenschlicher Bezogenheit hatte ihre eigene Würde. Darauf weist uns die sozialgeschichtliche Analyse hin.

Das zeigen auch prähistorische Forschungen. Ihnen zufolge gab es schon in den vorchristlichen Kulturen verschiedene Formen des sozialen Umgangs mit körperbehinderten, kranken und gesundheitlich beeinträchtigten Menschen. Sie blieben Teil des Ganzen. Mit ihnen lebten die Menschen zusammen und halfen ihnen, in der Gemeinschaft zu leben. In ihrer Not bekamen sie Beistand und Hilfe: „Mitmenschliches dienendes Beistehen in Notlagen ist ein zentraler Bestandteil jeder Kultur." (Klein 2017, S. 13)

Dem anderen Menschen dienen

Dieser Dienst wurde im Lauf der Geschichte zum Herrschaftsverhältnis herabgewürdigt. Nach dem Erlanger Sozialwissenschaftler und Pädagogen Wolfgang Sünkel (1934–2011) sind wir dazu aufgerufen, die Praxis „endlich zu einem entscheidenden Sieg zu bringen und die Erziehung als Dienst am Zögling zu verstehen" (Sünkel 1994, S. 17 ff.). Diese Praxis geht der Theorie voraus. Sie wird durch den „pädagogischen Takt" vertieft, den Friedrich Herbart (1776–1841) in die Pädagogik eingeführt und der Reformpädagoge Jakob Muth (1927–1993) weitergeführt hat.

Würde der Praxis wird in der Erziehungskunst konkret

Für Friedrich Daniel Ernst Schleiermacher (1768–1834; evangelischer Theologe, Altphilologe, Philosoph, Publizist, Staatstheoretiker, Kirchenpolitiker und Begründer der geisteswissenschaftlichen Pädagogik) ging es um die Würde der Praxis. Er sprach von der Dignität (Würde, Wert) der Praxis. Diese Praxis bezeichnete er als Erziehungskunst des freien Menschen, die der Theorie vorausliegt. Auf diese Erziehungskunst macht Joseph Heinrich Beuys (1921–1986; Professor an der Kunstakademie Düsseldorf, Aktionskünstler, Sozialphilosoph und Mitgestalter der Gesellschaft) aufmerksam. Für Beuys reicht die Kunst in das geistige Leben des Menschen hinein: „Jeder freie Mensch ist kreativ. Da Kreativität einen Künstler ausmacht, folgt: Nur wer Künstler ist, ist Mensch. Jeder Mensch ist Künstler." (zitiert nach Klein 2022b, S. 92)

Schleiermacher entwickelte Vorstellungen für eine zeitgemäße Erziehung (Schleiermacher 2017, Graf 2018). Er betonte die Dignität (lat. dignitas: Würde, Würdigkeit) der Praxis, die unabhängig von der Theorie ist. Die Würde der Praxis wird mit der Theorie (Anschauung, Betrachtung, Idee) eine bewusstere. Gleichzeitig bedarf sie orientierender Gesichtspunkte, die aus der Ethik abgeleitet werden.

Schleiermacher versteht also die Pädagogik als Praxis, die auf Humanität und Vernunft gründet. Er sieht den Menschen als Subjekt, das zur Selbstbestimmung fähig ist. Deshalb darf die pädagogische Fachkraft das Kind nicht als bloßes Objekt behandeln, sondern

immer als Subjekt, das zur Selbsttätigkeit in der Gemeinschaft fähig ist. Die im Subjekt veranlagten Fähigkeiten, Talente und Neigungen sind durch vielfältige Bildungsangebote, die dem Kind „freie Tätigkeit" und Kommunikation in der Kultur und Natur ermöglichen, zu unterstützen. Durch diese Erziehungskunst reift es in Freiheit zur bewussten Humanität und lernt durch selbstgewählte Übernahme von Verantwortung, das Gemeinwesen mitzugestalten.

Dieses autonome Handeln des Kindes liege in der Selbsttätigkeit und in der Gesinnung des Subjekts begründet, die es sich in Freiheit erarbeitet und die nicht antrainiert werden darf. Von dieser demokratischen Erziehungspraxis ist die heutige theoriegeleitete Pädagogik allerdings weit entfernt.

Wenn jedoch eine Theorie das Handeln diktiert, dann wissen wir aus der Geschichte der Menschheit, wohin das führt, nämlich zum Bestimmen dessen, was in der Praxis, besonders in der politischen Praxis, richtig ist. Und der Mensch, der ohne äußeren Zwang frei handeln und nach seinen eigenen Maßstäben entscheiden will, wird zum Vollzugsangestellten. Das widerspricht aber zutiefst der demokratischen Erziehung, die mit der Idee der europäischen Aufklärung das allgemeine Bildungsrecht für jeden Menschen proklamierte und bis heute als Motor des sozialen und kulturellen Wandels gilt.

Handlungsbezogenes Handeln verbessert die pädagogische Kompetenz

Der pädagogische Grundbegriff des handlungsbezogenen Handelns weist auf die Vermittlungsarbeit der Fachkraft hin, die auf das Interesse des Kindes und seine Aneignungsarbeit gerichtet ist. Aus historischer Perspektive wird mit dem Begriff des handlungsbezogenen Handelns ein formulierbares Verhältnis gefunden, das den alten Gegensatz zwischen der pädagogischen Idee der Führung und der pädagogischen Idee der Selbsttätigkeit überwindet und beide Ideen als Einheit sieht.

Das handlungsbezogene Handeln ist die abkürzende Bezeichnung eines pädagogischen Prinzips, das der Sozial- und Erziehungswissenschaftler Wolfgang Sünkel (1934–2012) und seine akademischen Schüler der Erlanger Schule entwickelt haben.[10] Das pädagogische Handeln der Fachkraft ist Vermittlungsarbeit; sie vermittelt dem Kind Bildungsinhalte. Ihre Arbeit hat in der selbsttätigen Aneignungsarbeit des Kindes das Handlungsziel. Das lehrt ein Blick in die Geschichte der Menschheit.

Zur historischen Geburt der Erziehung

Mangels entsprechender Quellenkenntnis lässt sich in geschichtlicher Perspektive ein Begriff des erziehenden Unterrichts nur auf heuristischem Weg finden, also begrifflich erschließen. Gehen wir davon aus, dass das Phänomen der Arbeit in der Reproduktion der menschlichen Gattungsexistenz und das Phänomen der Erziehung in der Generationsfolge gründen, kann man sagen: Arbeit und Erziehung existieren seit Bestehen der Menschheit, der erziehende Unterricht dagegen nicht. Er ist im geschichtlichen Prozess entstanden „und zwar genau zu jenem Zeitpunkt, als das objektive Problem entstand, welches zu seiner Lösung den Unterricht erforderlich machte" (Sünkel 2002, S. 32).

Auch wenn das Entstehen der Erziehung in Bildungseinrichtungen nicht bekannt ist, kann die Bogenschnitzerparabel als Erkenntnisinstrument dienen. Dieses Gleichnis des Bogenschnitzens hat der Pädagoge Eduard Spranger (1882–1963) erzählt, um das Wesen der

[10] Als Schüler der Erlanger Schule konnte ich das handlungsbezogene Handeln in der Praxis mit Kindern mit Behinderungen mitgestalten.

Erziehungsarbeit zu veranschaulichen. Die Parabel zeigt die historische Geburt der Erziehung in Institutionen:

> Irgendwann und irgendwo schaut ein Knabe dem Bogenschnitzer bei seiner Arbeit zu. Der Knabe entwickelt wachsendes Interesse, will den Bogen schnitzen und orientiert sich an der Kunst des Bogenschnitzers. Er probiert, macht Fehler und entdeckt, wie schwierig das sachgerechte Arbeiten ist. Auch dem Bogenschnitzer wird klar, wie kompliziert diese Arbeit ist, als er sich erinnert, wie viel er selbst probieren und verwerfen musste, um den Stand seiner Kunst zu erreichen. Bald zeigte sich, dass dieses Ganz-von-vorn-Beginnen eine bestimmte Zeit braucht. Der Knabe kam, der Bogenschnitzer unterbrach seine Arbeit und widmete sich dem Lernen des neugierigen Knaben.
>
> Der Bogenschnitzer führte das Kind
>
> 1. in die Kenntnis der Materialien ein und wie man sie gewinnt sowie
> 2. in die Kenntnisse der Werkzeuge und wie man sie herstellt.
>
> Er zeigte ihm, wie man den Bogen herstellen kann, zuerst die einfachen Handgriffe, dann die schwierigeren. Der Bogenschnitzer ließ ihn das alles an einem alten Bogen und anderem wenig wertvollen Material so lange üben, bis er selbst versuchte und probierte. Dabei gewann der Bogenschnitzer neue Erkenntnisse und Einsichten in den Aufbau seiner Erziehungskunst. Und wie er früher über Verbesserungen des Bogenschnitzens nachgedacht hatte, so dachte er jetzt darüber nach, wie er den Knaben besser und sicherer in diese Kunst einführen könnte.
>
> Als nun der Knabe den ersten vollständigen Bogen hergestellt hatte, da freute sich der Bogenschnitzer mit ihm, obwohl der Bogen viel schlechter war als der von Meisterhand gefertigte. Er zeigte ihm weitere Schritte und der nächste Bogen geriet schon besser. Nach einiger Zeit hatte der Knabe den Stand der Kunst seines Erziehers erreicht. Von nun an arbeiteten beide Bogenschnitzer miteinander. Die Einsicht in den Aufbau der Bogenschnitzkunst, die sie durch diese gemeinsame Arbeit gewonnen haben, nahmen sie zur Grundlage, um neue Verbesserungen der Kunst des Schnitzens zu erfinden. (Sünkel 2002, S. 37)

Das Interesse und die Neugierde des Knaben ist die bewegende Kraft des Lernens. Und das Interesse des unterweisenden Bogenschnitzers zeigt zwei Richtungen: Es ist auf das Herstellen des Bogens gerichtet; dabei versucht er, das Herstellen des Bogens mit den Augen des Knaben zu sehen. Sein Interesse gilt aber auch dem Handeln des Knaben. Dieses ambivalente Interesse richtet sich auf das, was sich zwischen beiden Positionen abspielt: Auf das Interesse des Knaben und auf das Handeln des Knaben.

Das Vermittlungsinteresse bezieht sich auf das Aneignungsinteresse

Übertragen wir diese pädagogische Grundsituation auf die Arbeit in der Kindertageseinrichtung, dann können wir sagen: Die pädagogische Fachkraft hat ein zweifaches Vermittlungsinteresse, das sich auf das gegenständliche Interesse und auf das persönliche Interesse des Kindes richtet.

- Ihr Interesse richtet sich auf den Gegenstand (Lern- und Spielinhalt), den sie mit „Kopf, Herz und Hand" (Pestalozzi) des Kindes sieht, und
- sie bemüht sich gleichzeitig, dem bereits vorhandenen oder vermuteten persönlichen Interesse des Kindes mit Empathie zu entsprechen und es zu einem „vielseitigen Interesse" (Herbart) werden zu lassen.

Beim gegenständlichen und beim persönlichen Interesse der pädagogischen Fachkraft handelt es sich eigentlich um ein Interesse, nämlich um das Interesse an der Aneignungsarbeit des Kindes. Es ist ihre Aufgabe, die innere Welt des Kindes, seine Wirklichkeitskonstruktion, so weit wie möglich zu verstehen und für sich zu rekonstruieren, um auf dieser Grundlage eine Lernumgebung zu gestalten, die es dem Kind ermöglicht, an seine Wirklichkeitskonstruktion anzuknüpfen und sich selbsttätig nach seiner individuellen Perspektive zu entwickeln. Das versuchte ich in dem Beitrag „Handlungsbezogenes Handeln realisiert Praxis, Forschung und Lehre als Einheit" zu vertiefen (Klein 2022c).

Die hier erörterten theoretischen Zusammenhänge lassen sich im didaktischen Dreieck (Kind – Gegenstand – Fachkraft) abbilden: Im Verständnis des Fundamentalprinzips des handlungsbezogenen Handelns ist die Vermittlungsarbeit der pädagogischen Fachkraft auf das Ermöglichen des selbsttätigen Handelns des Kindes bezogen. Ihr Interesse, ihr gegenständliches Interesse und ihr persönliches Interesse, hat die Aneignungsarbeit des Kindes [K] und die Interessenbeziehung zwischen Kind und Gegenstand [G] im Blick. Dieses Interesse oszilliert (pendelt, schwingt) zwischen beiden Polen, zwischen Kind und Gegenstand.

Die pädagogische Fachkraft [F] reflektiert auf der Grundlage des theoretischen Konstrukts, das im didaktischen Dreieck sichtbar wird, ihre Vermittlungsarbeit: Sie nimmt inneren Abstand von sich selbst und prüft ihr Subjekt-Sein in der intersubjektiven Beziehung, also in ihrer Beziehung zum Kind.

Hier lernt sie, über ihre pädagogische Kompetenz nachzudenken und diese zu verbessern. Das hält sie in Bewegung: Sie überlegt, prüft und wägt so lange ab, bis sie zu einer Entscheidung gekommen ist.

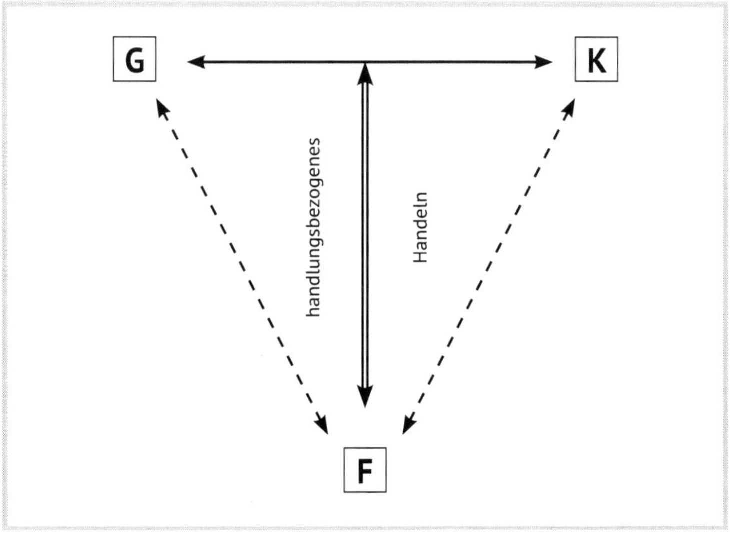

Die Fachkraft erlebt sich als lernende Person und entdeckt neue Wege. Sie bewegt sich auf noch Unbekanntes zu und überwindet die alltägliche Routine. Ihr Denken bleibt auf erlebte Situationen bezogen, bei dem sie den „pädagogischen Takt" achtet, der das handlungsbezogene Handeln verbessert und in der Kunst des Erziehens die eigene Professionalität[11] weiter (aus-)bildet.

[11] Professionalität im Sinne „gekonnter Beruflichkeit" strebt berufliche Identität an, ohne dass es zu einem Professionalismus kommt, der Eigeninteressen vor die Bedürfnisse der anvertrauten Menschen stellt.

Verbesserung der Erziehungskompetenz durch den „pädagogischen Takt“

Ursprung und Begründung

Der Nachfolger des großen Philosophen Immanuel Kant, der Pädagoge Johann Friedrich Herbart (1776–1841), führte den „pädagogischen Takt“[12] ein, der eine strikte Trennung zwischen der Pädagogik als Theorie und der Pädagogik als Praxis überwindet. Im Modell des pädagogischen Takts ist die Theorie nicht mehr der Regent (Herrscher) der Praxis. Die pädagogische Fachkraft handelt in der konkreten Situation eher gefühlsmäßig und ganz unmittelbar oder intuitiv. Das kann eine Theorie nicht leisten, an ihre Stelle tritt die Praxis, sie ist Regent der Theorie, die sich während des Handelns ausbildet. Der pädagogische Takt vermittelt zwischen Theorie und Praxis. Herbart versteht den Takt als das gebildete Gewissen pädagogischer Verantwortung, das als Regent der Praxis zugleich ein „wahrhaft gehorsamer Diener der Theorie ist“ (Herbart 1986, S. 245). Damit hat Herbart eine für das situationsorientierte Erkennen, das heißt für das Erkennen der Erziehungswirklichkeit im Augenblick des Handelns, bedeutsame ethische Dimension herausgestellt: Nicht mehr die Theorie hat die Praxis zu leiten, sondern das gebildete Gewissen pädagogischer Verantwortung hat der Praxis des Augenblicks zu dienen. Was in der jeweiligen Situation zu tun ist, kann allein in der Praxis durch das individuelle Gewissen der handelnden Fachkraft entschieden werden. Diese Entscheidung hat sie zu verantworten.

Die Regentenaufgabe hat die pädagogische Verantwortung, die sich durch wechselseitige Kontrolle von Theorie und Praxiserfahrungen ausbildet und als pädagogisches Gewissen zu verstehen ist (Klein 2018, S. 204).

Diese Kontrolle kann die pädagogische Fachkraft lernen:

- Sie überlegt, prüft und wägt so lange ab, bis sie zu einer Entscheidung gekommen ist.
- Hier erlebt sie sich als lernende Person, entdeckt und erfindet neue Wege.

---

[12] Takt, vom Lateinischen tactus (Berührung, Einfluss, Gefühl) abgeleitet, ist als ein sicheres Gefühl für das Richtige und Schickliche im mitmenschlichen Umgang zu verstehen.

- Sie bewegt sich auf noch Unbekanntes zu und überwindet die alltägliche Routine.
- Ihr Denken bleibt auf erlebte Situationen bezogen.

Genau das hatte Herbart im Modell des pädagogischen Takts im Blick: Durch wechselseitiges Verknüpfen von Theorie und Praxis bilden sich Dispositionen für ein möglichst situationsgerechtes Gestalten der pädagogischen Situation. Auf diese Weise werden Wissen und Können in der Auseinandersetzung mit theoretischen Fragen und praktischen Problemstellungen zur pädagogischen Kompetenz erweitert und vertieft. Die sich daraus entwickelnde Haltung ist eine motivierende Kraft und die Beziehungsgestaltung kann in ihren tiefer liegenden Zusammenhängen erlebt, erprobt und reflektiert werden. Das kann auch mit schmerzlichen Erfahrungen verbunden sein.

Die sich (weiter-)bildende pädagogische Fachkraft wächst mit konkreten Erfahrungen des Erfolgs und Misserfolgs, der Freude und des Leids in die pädagogische Verantwortung hinein. Der pädagogische Takt ermöglicht ihr, sich das eigene Handeln immer wieder neu bewusst zu machen, ihre praktischen Erfahrungen an theoretischen Gesichtspunkten zu orientieren und auf diese Weise das eigene Tun zu verbessern. Hier geschieht das Validieren (Prüfen der Gültigkeit) in der Praxis, die jeder für sich oder im Team, also intersubjektiv und kommunikativ, reflektieren und weiterentwickeln kann. Diese Selbstreflexion hat der Reform- und Integrationspädagoge Jakob Muth (1927–1993) weitergeführt und vertieft.

Auf Selbstreflexion achten

Jakob Muth spricht von einer Bewusstseinsänderung der pädagogischen Fachkraft, die nicht durch Belehrung und Information herbeigeführt werden kann, sondern durch das Beispiel erlebt und erfahren wird: Die Fähigkeit zum Handeln „kann nur durch soziales Handeln erworben werden. Das ist, so paradox es auch klingen mag, wie ein Tanz auf einem Seil, das während des Tanzes geknüpft wird" (Muth 1982, S. 188). Wie anders sollten gerade auch Menschen mit Behinderung die Kraft gewinnen, auch Taktlosigkeit durchzustehen, als in der Kommunikation mit ihnen vom frühen Alter an? Die Annahme seiner selbst ist für jeden Menschen nicht in einem kommunikationsfreien Raum zu gewinnen, sondern immer nur im Zusammensein mit anderen Menschen „in der Achtung seiner Würde" (Muth 1986, S. 20). Das ist oft nicht leichte Arbeit, sie „will gelebt sein", muss von der pädagogischen Fachkraft Tag für Tag verwirklicht werden, indem jedes Kind mit seinen Fähigkeiten und Schwächen angenommen und geachtet wird.

Taktvolles Begleiten der Kinder wird das Nachdenken über das handlungsbezogene Handeln beachten: Das Taktvolle meint ein Gefühl für das Du, für den Mitmenschen, für die Eigenart und das Eigenrecht des anderen Menschen. Dieses Gefühl „lässt sich nicht vorausberechnen [...], immer realisiert es sich in der konkreten, unvorhergesehenen Situation, in die sich ein Mensch unvermittelt gestellt findet, indem er [...] ihm Hilfe bringt, sofern er der Hilfe bedürftig ist, auf ihn eingeht, sich nicht aufdrängt, Rücksicht auf ihn nimmt und ihn nicht verletzt" (Muth 1982, S. 20). Dieser einfühlende Takt sollte das handlungsbezogene Handeln der pädagogischen Fachkraft bestimmen:

- Sie denkt feinfühlend über ihre Vermittlungsarbeit nach.
- Sie prüft ihr Subjekt-Sein in der intersubjektiven Beziehung.
- Sie verbessert dadurch ihre pädagogische Kompetenz immer wieder neu.
- Sie ermöglicht dem Kind, sein Interesse des selbsttätigen schöpferische Aneignens der Welt der Gegenstände zu verwirklichen.

In intersubjektiven Begegnungen die eigene Professionalität weiter (aus-)bilden

Die Fachkraft bildet in intersubjektiven Begegnungen ihre pädagogische Professionalität weiter:

- Sie lernt die Wirklichkeit als soziales und gesellschaftliches Handlungs-, als Reflexions- und Erkenntnisfeld (er-)kennen.
- Hier steht sie mit ihrer Theorie mitten im Prozess der Erziehung und entwickelt aus der Beziehung mit dem Kind und seinen häuslichen Erziehenden jene Methoden, die dem individuellen Kind Selbstwirksamkeit und Selbstgestaltung ermöglichen.

Wie ein Mensch mit schwerer körperlicher Behinderung das taktvolle Begleiten aus der intersubjektiven Begegnung erlebte und was es bei ihm bewirken kann, das wird nun an einem Beispiel näher ausgeführt.

Willensstärke und Selbstgestaltungskraft

Der schwer körperbehinderte Stephen Hawking (1942–2018) führte einen inneren Kampf gegen die unheilbare Motoneuronkrankheit Amyotrophe Lateralsklerose (ALS), die in seinem 20. Lebensjahr begann. Er ist ein Zeugnis von menschlicher Selbstgestaltungskraft und Willensstärke. Als exponierter theoretischer Physiker und Humanwissenschaftler fühlte er sich mit visionärer Kraft von den großen Weltfragen angezogen, auf die er mit einer optimistischen Grundhaltung, Humor und Zuversicht, mit Weisheit und Selbstvertrauen seine Antworten gab. Für seine bahnbrechenden Forschungen zur Allgemeinen Relativitätstheorie und Kosmologie wurde er vielfach ausgezeichnet. Mit klaren Worten erläuterte er die Folgen des menschlichen Fortschritts: Sein Werk ist als aufrüttelnder pädagogischer Appell an die „Gattung Mensch", an Politik und Wirtschaft zu verstehen. Er zeigt, wie selbstwirksames Handeln möglich ist.

„Als jemand, der mit 21 Jahren von den Ärzten erfuhr, dass er nur noch fünf Jahre leben werde, und im Jahre 2018 bereits 76 Jahre alt geworden ist, habe ich ein ausgesprochen persönliches Verhältnis zur Zeit. Wie die Zeit verrinnt, ist mir unangenehm und überdeutlich bewusst, und die überwiegende Zeit meines Lebens habe ich im Gefühl gelebt, dass die Zeit, die mir gewährt wurde, ‚geborgt' ist, wie man so sagt." (Hawking 2018, S. 170)

Seine Tochter Lucy berichtet, dass er „nie aufgab und nie vor einem Kampf zurückwich [...], da war er schon vollständig gelähmt und konnte nur noch einige wenige Gesichtsmuskeln bewegen – stand er noch jeden Tag auf, legte einen Anzug an und ging zur Arbeit." (ebd., S. 244)

Auf die Sterne schauen und nicht auf die Füße

„Bei mächtigeren Technologien wie Nuklearwaffen, synthetischer Biologie und hoch entwickelter Künstlicher Intelligenz sollten wir uns vorher Gedanken machen und uns große Mühe geben, alles gleich beim ersten Mal richtig zu machen. Denn womöglich haben wir nur diese eine Chance. Unsere Zukunft ist ein Wettlauf zwischen der wachsenden Macht unserer Technologien und der Weisheit, mit der wir davon Gebrauch machen.

Wir sollten sicherstellen, dass die Weisheit gewinnt." (ebd., S. 221)

Sein Forscherdrang und seine kritischen Impulse wurden nach seiner Überzeugung durch inspirierende pädagogische Fachkräfte grundgelegt. Sie haben für elementare Voraussetzungen gesorgt und in ihm „Begeisterung und Ehrfurcht" vor dem Erforschen der Naturwissenschaft geweckt: „Denkt also daran, zu den Sternen zu schauen und nicht auf eure Füße. Versucht zu verstehen, was ihr seht, und fragt euch [...]. Seid neugierig! Und ganz egal, wie schwierig euch das Leben vorkommt: Es gibt immer etwas, das ihr tun – das ihr erfolgreich tun könnt. Gebt nie auf, das ist am wichtigsten! Lasst eurer Phantasie freien Lauf! Gestaltet im Mit- und Füreinander die Zukunft!" (ebd., S. 235 f.)

Erfahrungserkenntnis als Orientierungshilfe

Stephen Hawking hat selbstwirksam die eigene Stärke und die Stärke seiner Mitmenschen in Bewegung gehalten. Er hat seine Kompetenzen, sein Wahrnehmen, Denken und Handeln beim Bewältigen der Widerstände mobilisiert und konnte zeigen, was er weiß und was er kann.

An seiner Lebenskunst kann sich die pädagogische Fachkraft bei der Gestaltung der Selbsterziehung und Erziehung des Kindes orientieren. Geboten ist eine Orientierung an Werten, die in Lebens- und Arbeitszusammenhängen innerlich bewegen, kräftigen, formen, verändern, aufklären und stärken:

- Unmenschlichkeit abwehren und verabscheuen, wo immer sie auftritt.
- Guten Willen zeigen, sich mit andersdenkenden Menschen verständigen.
- Sich bewusst sein, dass die eigene Biografie und die anderer in persönliche und geschichtliche Zusammenhänge eingebunden ist.
- Sich mit Wachheit und Bewusstsein für letzte Fragen interessieren.

- Selbstverantwortung sowie Verantwortung für andere Menschen und die soziale Gemeinschaft (Bildungseinrichtung, Gemeinde, Staat, Land) pflegen.

(Klein/Neuhäuser 2006, S. 195)

Mit dieser wertbezogenen Haltung antworten pädagogische Fachkräfte einer Bildungspolitik, die sich auf das Messen kognitiver Leistungen konzentriert und dadurch den tieferen Sinn von Bildung für ihre Zwecke instrumentalisiert. Das verschärft die Fremdbestimmung aller Einrichtungen, verhindert Bildung als Wachsen selbstständiger Urteilskraft und deformiert die Handelnden zu Instruktionsangestellten. Hier würden sie ihre Freiheit verlieren, die jede pädagogische Handlungskompetenz auszeichnet, nämlich die Freiheit,

- zu sehen und zu hören, was im Moment wirklich da ist, statt das, was sein sollte, gewesen ist oder erst sein wird,
- zu den eigenen Gefühlen zu stehen und nicht etwas anderes vorzutäuschen,
- in eigener Verantwortung Risiken einzugehen, statt immer nur auf „Nummer sicher zu gehen und nichts Neues zu wagen" (Satir 2007, S. 165).

Dieser therapeutische Freiheitsimpuls erfüllt die zentrale Forderung nach Inklusion, die wir in der Behindertenrechtskonvention finden: Sie stellt das Gefühl der eigenen Würde (Sense of Dignity) und das Gefühl der sozialen Zugehörigkeit (Sense of Belonging) in den Mittelpunkt.

Die Würde des Menschen ist nicht an bestimmte Eigenschaften gebunden. Sie ist vielmehr an die Art gebunden, wie dem Menschen begegnet wird. Ihre Eigenschaften sind zweitrangig, vorrangig ist die Begegnung des Menschen mit dem Menschen (Klein 2018, S. 60).

Hier kann der Mensch mit Behinderung das Bewusstsein seiner eigenen Würde entwickeln und aktiver Gestalter seiner Welt zusammen mit anderen sein – dies kann auch in Bildungsräumen geschehen, die für Menschen mit Behinderung eingerichtet und in soziale Zusammenhänge eingebunden sind und sich als Teil des Ganzen fühlen.

Fazit

- Die pädagogischen Grundbegriffe des handlungsbezogenen Handelns und des pädagogischen Takts zeigen, wie aus der Idee des Guten die Erziehung als Kunst zu gestalten ist. Das lag dem philosophischen Hermeneutiker Hans-Georg Gadamer in seinem Grundlagenwerk *Wahrheit und Methode* am Herzen (vgl. Klein 2022a, S. 73).
- Die um Erziehungskunst bemühte pädagogische Fachkraft wird durch feinfühlendes taktvolles Begleiten das handlungsbezogene Handeln mit der Kraft des Herzens gestalten. Sie wird zu den eigenen Stärken und Schwächen stehen, den inneren Abstand von sich selbst wahren und Distanz pflegen. Distanz ist notwendig, um den Erziehungsprozess und die Stabilität der eigenen Persönlichkeit nicht zu gefährden.
- Die pädagogische Fachkraft bildet in intersubjektiven Begegnungen ihre Professionalität weiter, lernt die Wirklichkeit als soziales und gesellschaftliches Handlungs-, als Reflexions- und Erkenntnisfeld (er-)kennen. Hier steht sie mitten im Prozess der Erziehung und gestaltet aus der Beziehung mit dem individuellen Kind jene Methoden, die ihm Selbstwirksamkeit ermöglichen. Durch diese gestaltende Beziehung wandelt sich die Erziehung zu einer Erziehungskunst, zur bewegenden spirituellen Kraft der „gemeinsamen Daseinsgestaltung" (Kobi 2004, S. 74), bei der die im Menschen veranlagte geistige Kraft wirkt.
- Gefragt ist eine pädagogische Professionalität, die sich als stets erneuernde persönliche Anstrengung zur Selbstführung versteht. Das ist freilich eine Sisyphusarbeit,[13] gerade dann, wenn sich unüberwindliche Hindernisse entgegenstellen.

---

[13] Sisyphus war der griechischen Sage nach dazu verurteilt, einen Felsbrocken einen steilen Berg hinaufzuwälzen, von wo er kurz vor dem Gipfel immer wieder herunterrollte. Aber am Ende seines Weges war er ein glücklicher Mensch geworden. Er bejahte sein Handeln und konnte in dieser trotzigen Vergeblichkeit eine Art Würde, ja Glück, erleben.

Hilfe für kommunikationsbeeinträchtigte Kinder in der Kindertageseinrichtung

Vorbemerkung

Nicht allein die medizinische Diagnose und Therapie der Störung helfen im Lebens-, Lern- und Spielraum des Kindes weiter. Da ein autistisches Kind im medizinisch-pädagogischen Handlungsfeld zu verorten ist, ist besonders die medizinische Diagnose zu beachten und für das pädagogische Begleiten in ein einfühlend-empathisches Sinnverstehen zu wandeln. Darauf habe ich bereits im ZUKUNFTS-HANDBUCH Kindertageseinrichtungen aufmerksam gemacht: *Autismus als Lebens- und Lernform. Kinder mit Autismus verstehen und begleiten* (Klein 2019a). Diese grundlegenden Gedanken werden nun erweitert und vertieft.

Aktueller Anlass

5 Der Newsletter der Stiftung Kindergesundheit (www.kindergesundheit.de) vom 16.06.2023[14] informiert aus psychiatrischer und medizinisch-therapeutischer Sicht über Kinder mit Autismus-Spektrum-Störungen. Als Erziehungswissenschaftler im Fachgebiet Heilpädagogik nehme ich den aktuellen medizinisch-therapeutischen Kenntnisstand aufmerksam wahr. Wir erfahren:

- Autismus ist eine Störung im frühen Kindesalter, die durch „genetische und umweltbedingte Faktoren verursacht ist". Die Ursachen sind nicht hinreichend geklärt. „Fest steht jedoch, dass die Schuld nicht bei den Eltern liegt."
- „Viele autistische Kinder haben große Schwierigkeiten, Kontakte zu anderen Menschen, manchmal sogar zu den eigenen Eltern aufzunehmen." Sie sind nicht in der Lage, die Stimmungen oder Absichten der anderen Menschen zu erkennen und „weichen selbst von liebevollen Berührungen zurück, weil sie deren Absichten nicht erfassen können".
- Eine autistische Störung kündigt sich häufig schon in den ersten 24 Lebensmonaten an. „So sind autistische Babys oft übermäßig ruhig und Liebkosungen gegenüber gleichgültig." Auf Ansprache antworten sie nicht oder nur verzögert. „Sie suchen keinen Blickkontakt, lächeln nicht zurück und reichen den Eltern nicht

[14] www.kindergesundheit.de: Die monatliche Information der Stiftung Gesundheit für Jornalist*innen – Newsletter Juni 2023: Kinder mit Autismus: ihre Schwächen, ihre Stärken.

die Arme entgegen. Auch die Sprachentwicklung ist zum Teil verzögert oder sogar schwer gestört."

- „Den Kindern mangelt es an Einfühlungsvermögen. Sie können sich nicht in jemand anderen hineinversetzen und leben in ihrer eigenen Gedanken- und Vorstellungswelt."
- „Autistische Kinder können Qualen empfinden und zwar aus Gründen, die kaum jemand versteht – meist nicht einmal ihre Eltern: Fremde Dinge, die sie hören, sehen, fühlen, schmecken oder riechen, lösen bei autistischen Kindern oft ungewöhnliche Reaktionen oder unberechenbare Wutausbrüche aus."
- „Betroffene haben ein ausgeprägtes Bedürfnis nach Struktur und Vorhersehbarkeit, brauchen Routinen und vertraute Abläufe, die ihnen Sicherheit geben. Schon kleinste Veränderungen, wie zum Beispiel das Umstellen eines Möbelstückes, bringen sie zur schieren Verzweiflung und unvermittelt zum Ausrasten."
- „Nicht selten zeigen autistische Kinder ritualisierte Handlungen", die sie oft automatenhaft und zwangsartig wiederholen: Sie berühren verschiedene Gegenstände in stets gleicher Reihenfolge und wiederholen bestimmte Bewegungsabläufe (zusammenhangloses Händeklatschen, rhythmisches Kopfanschlagen, Schaukeln, Drehen oder Ausharren in einer bestimmten Position).
- Einige autistische Kinder sind überdurchschnittlich intelligent und entwickeln sich zu wahren Experten auf einem bestimmten Gebiet. Sie haben oft große „Fähigkeiten zu abstraktem und logischem Denken".
- Die Kinder neigen auch noch „zu einer Reihe weiterer psychischer Begleitstörungen, wie zu übergroßen Befürchtungen, Phobien, Schlaf- und Essstörungen sowie zum herausfordernden Verhalten in Form von Wutausbrüchen und fremd- oder selbstverletzenden Verhaltensweisen. Fast jedes Zweite ist auch von einer Aufmerksamkeits-Defizit-Störung (ADHS) betroffen, Jungen häufiger als Mädchen".
- „Vermehrter Konsum digitaler Medien ab dem frühen Kleinkindalter scheint mit der Entwicklung von autistischen Zügen in Verbindung zu stehen."
- Zur Behandlung autistischer Störungen stehen therapeutische Verfahren zur Verfügung. „Für die Kernsymptomatik der Autismus-Spektrum-Störung gibt es allerdings bis heute kein Ver-

fahren und Medikament, das einen völligen Rückgang der autistischen Symptome erreichen könnte."

- Die Leitlinien zur Therapie „empfehlen grundsätzlich verhaltenstherapeutisch-übende Verfahren, da für derartige Methoden die besten Wirksamkeitsnachweise vorliegen. Durch solche Therapien, die möglichst früh beginnen sollten, können insbesondere die soziale Interaktion und die Fähigkeiten der Kinder (und Erwachsenen) zur Kommunikation verbessert und ihre herausfordernden seltsam anmutenden Verhaltensweisen reduziert werden".

Besonders die aktuellen Leitlinien zur Therapie bedürfen für das tägliche Begleiten dieser kommunikationsbeeinträchtigten Kinder in Kitas der Ergänzung und Vertiefung.

Therapeutische Erziehung ist geboten

Mit Prof. Dr. Gerhard Neuhäuser, Facharzt für Kinderheilkunde sowie für Kinder- und Jugendpsychiatrie, pflegte ich über ein Jahrzehnt wissenschaftliche und praktische Zusammenarbeit. Was der Kinderarzt und Erzieher Janusz Korczak in seiner Person vereint, versuchten wir aus dem medizinischen und pädagogischen Berufsverständnis heraus zum Wohle der Kinder mit Behinderung zu realisieren (vgl. Neuhäuser/Klein 2019, S. 7 ff.).

Insbesondere bei regelmäßigen Beratungen in der Erlanger Lebenshilfe waren wir bemüht, den Kindern die uns mögliche Hilfe zu geben. Wir hatten es mit Kindern zu tun, die im Wahrnehmen, im Gebrauch ihrer Sinne und bei der Kommunikation oder Motivation eine besondere Unterstützung benötigten. Beim fachlichen Austausch wurden dem ärztlichen und pädagogischen Nachdenken und Handeln immer wieder neue Aufgaben gestellt. Hier konnte jeder wie selbstverständlich das Arbeitsfeld des anderen wahrnehmen und dabei erfahren, dass die Hilfe für Menschen mit Behinderung und ihre Eltern umso besser gelingt, je mehr sie in einem offenen Dialog stattfindet.

Auf die vertrauensvolle Zusammenarbeit mit den Eltern als den ersten und wichtigsten Erziehenden ihrer Kinder legten wir großen Wert. Die Eltern hatten schon vor dem Beratungsgespräch einen Fragebogen ausgefüllt und aktuelle Informationen gegeben. Beim Gespräch, bei dem das Kind zunächst anwesend war, wurden die

Angaben mit weiteren medizinischen Daten und Beobachtungen ergänzt. Gemeinsam mit den Eltern und pädagogisch-therapeutischen Fachkräften suchten wir nach Wegen der weiteren Hilfe für das individuelle Kind. Unserer Arbeit baute auf Erkenntnissen auf, die wir unter dem Titel *Heilpädagogik als therapeutische Erziehung* (Klein/Neuhäuser 2006) für den wissenschaftlichen Diskurs reflektiert und für die praktische Arbeit dargestellt haben (Neuhäuser/Klein 2019).

Erfahrungen im Dialog reflektieren

Zusammen mit Eltern, pädagogischen und therapeutischen Mitarbeitenden konnten wir also Erfahrungen sammeln: Medizinisch-therapeutische und pädagogisch-psychologische Erwägungen gingen ineinander über und stärkten die individuelle fachliche Handlungskompetenz. Auch wenn unsere Professionalität verständlichen Elternwünschen nicht immer unmittelbar gerecht werden konnte, waren wir um gemeinsame Lösungen bemüht.

Therapeutische Erziehung ist aus der Praxis hergeleitet und begründet. Das integrale therapeutisch-erzieherische Helfen soll eine weitreichende Unterstützung zur Partizipation und Teilhabe stärken und Ausgrenzung verhindern. Es öffnet den eigenen Blick und überwindet die Enge fachlichen Denkens zum Wohle des Kindes, das in der Begegnung von Mensch-zu-Mensch wahrgenommen wird.

Der Ursprung des Wortes „Therapie" verweist auf das griechische Verb „therapeuein" (dienen, Dienst tun, pflegen, besorgen). Auch Pädagogik ist ihrem Ursprung nach Dienst am Kind, der allerdings oft im Laufe der Geschichte zu einer „Herrschaftspädagogik" verkümmerte. Aber das Kind will nicht zum beherrschten, reagierenden und konsumierenden Menschen herabgewürdigt und fremdbestimmt werden. „Diese Herrschaftspädagogik wandelt Korczak in eine Pädagogik, die ohne Vorbedingungen allein dem Kind – und damit der Zukunft der Menschheit – dienen will" (Klein 2022, S. 63).

Medizin und Pädagogik stehen im Dienst für den anderen

Heute dominieren im medizinisch-pädagogischen Handeln vielfach abstrakte Begriffe, die mit logisch sauberen Formulierungen den Menschen wie ein Ding definieren. Damit wird aber der Mensch in seiner Ganzheit verfehlt, denn er reicht über eine messende Logik hinaus: Das Maß liegt im Menschen, nicht in den Dingen!

Medizin und Pädagogik haben den gleichen wertorientierten Erziehungs- und Bildungsauftrag: Sie stehen im Dienst für den anderen. Ärztliches und erzieherisches Bemühen dienen der Entwicklung des Kindes in seiner biopsychosozialen Ganzheit. Ein so verstandenes pädagogisch-ärztliches Handeln soll dem einmalig gegebenen und aufgegebenen Kind eine Entwicklung aus eigener Kraft in Würde und Freiheit ermöglichen (Neuhäuser/Klein 2019, S. 11 f.).

Geboten ist eine empathische Haltung für Forschung und Praxis

Kürzlich saß ich bei einer Veranstaltung für Menschen mit Autismus im Konzertsaal. Ich fühlte mich von der Atmosphäre angesprochen. Die Klaviermusik eines Menschen mit Autismus bewegte mich. Ich erinnerte mich an viele Begegnungen mit Eltern und ihren Kindern und an meine langjährigen intensiven Forschungen. Und ich fragte mich im Konzertsaal: Bin ich durch mein interdisziplinäres Nachdenken wirklich weitergekommen? Oder ist mir das Phänomen Autismus weiter entrückt (Näheres in Klein 2019a, S. 5)?

5 Hat der niederländische Heilpädagoge Pieter Duker (2014) Recht, der vom „Abschied vom Autismus" spricht, weil das diagnostische Urteil das Wahrnehmen des Selbstbilds des konkreten Menschen in der intersubjektiven Situation verhindert? Haben autistische Menschen den Forschenden nicht viel mehr zu sagen als diese durch den wissenschaftlichen Zugriff erkennen? Sollten wir nicht den wissenschaftlichen Hochmut zu Grabe tragen und viel mehr auf die Kinder mit Empathie schauen? Wie erleben sie ihre Welt und wie können wir mit ihnen in Beziehung treten? Wie können wir mit feinfühlender Haltung unser Wissen und Können für eine gelingende Praxis prüfen und weiterentwickeln?

Pädagogische Ausgangssituation

Die Mutter von Alfred (Name geändert) bat mich auf Anraten des Facharztes für Kinderheilkunde sowie für Kinder- und Jugendpsychiatrie Prof. Dr. Neuhäuser um Unterstützung bei der Aufnahme in die häusliche Frühbetreuung und den heilpädagogischen Kindergarten der Erlanger Lebenshilfe. Alfred wurde mit 3 Jahren von einem Psychologen als „schwer autistisch" diagnostiziert.

Sein Blick ging ins Leere, er war in sich gekehrt, nahm zu anderen Kindern keinen Kontakt auf, hielt ein rundes Holzstück fest umklammert in der Hand, mit dem er stundenlang monotone Schaukelbewegungen machte und das er nicht aus der Hand geben wollte. Interesse an gemeinsamen Spielen und Bauen zeigte er nicht.

Alfred besuchte nach der häuslichen Frühbetreuung noch zwei Jahre den heilpädagogischen Kindergarten. Mit 6 ½ Jahren wechselte er in eine allgemeine Schule, erreichte mühelos das Fachabitur und fand sich später im Beruf als Handelskaufmann einigermaßen gut zurecht.

Wie versuchte ich, Alfred zu helfen?

Meine Erfahrungen fasse ich zusammen:

Kommunikationsbeeinträchtigte Kinder bedürfen der rechtzeitigen Erkennung ihrer Auffälligkeiten und der feinfühlenden therapeutisch-pädagogischen Begleitung.

Durch diese Hilfe können sie ihre beeinträchtigte Kommunikation weitgehend überwinden.

Stets geht es um das Verstehen des individuellen Kindes und die Gestaltung seines Lebens- und Lernumfelds, damit es ein Höchstmaß an Eigenständigkeit und Selbstbestimmung erreichen kann.

Das Beispiel Alfred führt zu einer weiteren Frage: Ist Autismus ein definierbares Krankheitsbild oder eine Form menschlichen Seins? Auf Letzteres weisen uns die Selbstbeschreibungen der Menschen mit Autismus hin (vgl. Klein 2019a, S. 5 ff.). Das legt auch die Studie über „Autismusbilder" der Heilpädagogin Katja Schwarz (2020) nahe: Das Bild des individuellen Kindes (Menschen) mit Autismus ist zuallererst in seinem Sein feinfühlend zu verstehen.

Forschung und Praxis im Überblick

Kinder mit Autismus und ihre Eltern werden in Deutschland hauptsächlich in Autismus-Therapiezentren begleitet. Die Einrichtungen sind i. d. R. im Bundesverband **autismus** Deutschland e. V. (vgl. www.autismus.de) organisiert. Der Elternselbsthilfeverband berät

Kindergärten und Schulen und versucht, das Phänomen Autismus und die Wirksamkeit der Autismustherapien weiter zu erforschen.[15]

Die Therapiezentren verhindern auch, dass Eltern Pseudotherapien in entlegenen Orten der Welt in Anspruch nehmen.

Die Literatur zum Thema Autismus ist unüberschaubar. Die internationale Autismus-Biografie weist in den vergangenen drei Jahrzehnten mehr als 5.000 Titel aus. Allein in der Bundesrepublik Deutschland erscheinen jährlich etwa 30 Bücher über Autismus.

Das Rätsel Autismus ist der Forschung aufgegeben

Die Kinderneurologie und die Heilpädagogik kennen sehr unterschiedliche und z. T. sich widersprechende Konzeptionen zur Ätiologie (Ursache) und Therapie (Behandlung) des Autismus. Einige Forscher zählen sogar über 60 Ätiologietheorien auf: vier genetische Verursachungstheorien, zehn psychologische und psychoanalytische sowie 46 organologische mit jeweils speziellen Therapieansätzen.

So unterschiedlich sich die Ursachen darstellen, so vielfältig sind die therapeutischen Ansätze. Wir kennen Methoden aus ganz unterschiedlichen Therapieschulen: Verhaltenstherapien, sensomotorische Therapien, psychoanalytisch orientierte Therapien, Festhaltetherapien, Familientherapien, medikamentöse Therapien und Kombinationen verschiedener therapeutischer Konzepte.

Trotz umfangreicher Forschungsbefunde hat sich bis heute noch kein umfassendes Erklärungsmodell herausgebildet. Das Rätsel Autismus ist weiterhin der Wissenschaft aufgegeben, das auch in heilpädagogischen und medizinisch-therapeutischen Sonderheften thematisiert wird, so z. B. in „MENSCHEN. Zeitschrift für gemeinsames Leben, Lernen und Arbeiten“, 46. Jg. (1), 2023, mit dem Leitthema „Gesichter des Autismus“. Diese Zeitschrift enthält auch aktuelle autobiografische Berichte kommunikationsbeeinträchtigter Menschen, die ein Nachvollziehen und Bewusstmachen ihres So-Seins ermöglichen. Sie weisen besonders auf die Qualität der Beziehung von Anfang an hin.

---

15 Auf weitere Selbsthilfeorganisationen verweist der Newsletter der Stiftung Kindergesundheit.

Was die pädagogische Fachkraft zu beachten hat

Folgende Gesichtspunkte sind zu nennen, auf die autistische Menschen die pädagogische Fachkraft aufmerksam machen:

- Die Entwicklung sozialer Fähigkeiten und Fertigkeiten des Kindes mit Autismus hat in der inklusiv arbeitenden Einrichtung eine besondere Qualität, vor allem dann, wenn die anderen Kinder angeleitet werden, wie sie mit dem Kind kommunizieren und interagieren können.
- Es kann als gesichert gelten, dass autistische Kinder das Verhalten anderer – möglichst gleichaltriger – Kinder eher imitieren als das Erwachsener. Sie lernen leichter, indem sie das Verhalten anderer Kinder beobachten. Ihr nachahmendes Handeln ist eigenaktives und schöpferisches Lernen!
- Die anderen Kinder können das Verhalten des autistischen Kindes beeinflussen, indem sie das Kind in gemeinsame Spiele und Handlungen miteinbeziehen. Sogar sehr zurückgezogene kommunikationsbeeinträchtigte Kinder können erfolgreich lernen – allerdings nur dann, wenn die Fachkraft die Kinder sensibel auf diese Aufgabe vorbereitet hat.
- Das Zusammensein und gemeinsame Spielen und Lernen fördert die kooperative Lernsituation, bei der ein Erfolg der Gruppe von der Zusammenarbeit aller abhängt. Es ist darauf zu achten, dass Spiele mit hohen sozialen Anforderungen das kommunikationsbeeinträchtigte Kind mit Aufgaben konfrontiert, die es verwirren können. Deshalb ist behutsam vorzugehen und die Regeln für das Spielen und Lernen sind klar und eindeutig vorzugeben.

Kommunikationsbeeinträchtigte Kinder mit akzeptierender Haltung verstehen

Um den Kindern zu helfen, hat sich die pädagogische Fachkraft zu bemühen, das Kind mit einer akzeptierenden Haltung zu verstehen. Und genau das ist schwierig, denn das Verhalten der Kinder befremdet, ist oft nicht erklärlich und nachvollziehbar. Es macht hilflos und ohnmächtig. Werden Hilflosigkeit und Ohnmacht verdrängt, ist ein resignierender Rückzug die Folge, der sich in folgender Äußerung zeigt: „Das ist ein Autist, da lässt sich ja nichts machen!"

Deshalb besteht die erste pädagogische Aufgabe darin, das Wahrnehmen des Kindes mit Autismus auf den Prüfstand zu stellen, sich die eigene Unzulänglichkeit einzugestehen und bewusst zu machen, indem eingefahrene Beurteilungsmuster hinterfragt und folgende Gesichtspunkte beachtet werden:

- Das Bedürfnis des Kindes nach gleicher Ordnung im Raum und in der Zeit, nach einem klar geplanten und möglichst gleichbleibenden Tagesablauf gibt ihm Halt.
- Seine besonderen Interessen, die als absurd erscheinen mögen, geben ihm Sicherheit.
- Auch Stereotypien können ihm Sicherheit verschaffen.
- Bestimmte Gewohnheiten beim Essen (z. B. genaue Einhaltung der Anordnung auf dem Platz) können zur Stabilisierung des Verhaltens beitragen.
- Das Kind kann große Mühe beim Ausführen seiner Handlungen haben, wenn verschiedene Aktivitäten gleichzeitig gefordert werden (z. B. einen Menschen anschauen und ihm gleichzeitig zuhören).
- Für das Kind können bestimmte Wahrnehmungseindrücke zu stark sein (z. B. die verschiedenen Farben eines Kleidungsstücks).
- Zu viele Wahrnehmungseindrücke gleichzeitig können starken Stress bedeuten (z. B. das Rauschen von Bäumen und gleichzeitiges Vogelzwitschern).
- Wahrnehmungseindrücke, die an sich zusammengehören, kann das Kind nicht ganzheitlich wahrnehmen, sondern nur isoliert nacheinander (z. B. kann das laute Ballspielen mit mehreren Kindern verwirren und es macht keine soziale Erfahrung „miteinander Ballspielen").
- Es fällt dem Kind schwer, die Mimik, Gestik und den Tonfall der Stimme von anderen Menschen zu verarbeiten (es kann z. B. der Geste und dem gleichzeitigen Sprechen keine Informationen entnehmen).
- Häufig ist auch seine Verarbeitungsgeschwindigkeit beim Aufnehmen der Sprache von anderen Menschen verlangsamt.
- Das Kind zeigt Unverständnis gegenüber ungewohnten und unerwarteten Verhaltensabläufen.

Die Gesichtspunkte verdeutlichen, dass die pädagogische Fachkraft als Kommunikationspartner des Kindes über Möglichkeiten verfügt, seinen Lebenserschwernissen Rechnung zu tragen. Sie kann das Kind so begleiten, dass sie es sich mit seinen individuellen Fähigkeiten, Stärken und Ressourcen als gleichberechtigten Partner erlebt. Durch ihre wohlwollende Grundhaltung gibt sie dem Kind das Gefühl, es in seinem Verhalten zu verstehen und von ihm nichts Bestimmtes zu erwarten. Sie ist einfach für das Kind da. Dadurch kann es sich eingeladen fühlen, eine Beziehung herzustellen (Klein 2021, S. 134 ff.).

Für das individuelle achtsame Begleiten und Leiten des autistischen Kindes sind besonders die folgenden fünf Impulse zu beachten. Sie zeigen, wie das Kind in die gemeinsame Welt hineinfinden kann.

Das individuelle Kind begleiten

Gestützte Kommunikation (FC-Methode)

Gestützte Kommunikation (engl.: Facilitated Communication, abgekürzt FC) ist der australischen Pädagogin Rosemary Crossley zu verdanken, die sie für spastisch gelähmte Menschen entwickelt hatte, um mit ihnen zu kommunizieren. FC ermöglicht es dem Kind mit beeinträchtigter Kommunikation und mit gestörten hand- und fingermotorischen Bewegungen, dass es sich durch Zeigen auf Gegenstände, Fotos, Symbole, Wörter oder Buchstaben mitteilen kann. Ein Elternteil oder eine andere vertraute Person stützt seinen Unterarm z. B. beim Zeigen auf ein Symbol oder einen Buchstaben auf dem Computerbildschirm. Die geringe Hilfe genügt, um mit dem Zeigefinger die Tasten zu drücken und sich schriftlich zu äußern. Anfangs erfolgt die Unterstützung gezielt, teilweise wird auch die Schreibhand leicht geführt. Diese Beziehungsaktivitäten werden durch ermutigende Worte und Gesten begleitet. Sie geben dem Kind emotionale Sicherheit. Nach und nach wird die Stütze reduziert.

Die FC-Methode wird inzwischen weltweit angewandt. Kinder mit Autismus können das System der Schreibsprache oft schon vor dem Schulalter lernen. Diese Leistung zeigt, dass sie über ein reiches kognitives Innenleben verfügen, das im krassen Widerspruch zu ihrem Verhalten steht.

TEACCH-Methode

Der Name TEACCH leitet sich von den Anfangsbuchstaben der wichtigsten Komponenten des Ansatzes ab: **T**reatment and **E**ducation of **A**utistic and Related **C**ommunication handicapped **CH**ildren (Behandlung und pädagogische Förderung autistischer und in ähnlicher Weise kommunikationsbehinderter Kinder). Der Ansatz verbindet Forschung und Praxis, umfasst alle Lebensalter und ist inzwischen weltweit verbreitet (Näheres in Klein 2019, S. 11 f.).

Die Methode geht davon aus, dass kommunikationsbeeinträchtigte Kinder sich im Raum und in der Zeit nicht so gut orientieren können wie andere Kinder. Sie benötigen klare Strukturen, die ihnen helfen, Zusammenhänge zu erkennen, Ereignisse vorhersehbar zu machen sowie Abläufe und Anforderungen zu durchschauen.

Die Methode ist an den Bedürfnissen und Fähigkeiten des Kindes orientiert und beachtet das Strukturieren und Visualisieren des Lernens in allen Bereichen der Entwicklung.

TEACCH gibt kein festes Behandlungs- und Erziehungskonzept vor, sondern einen strukturierten Handlungsrahmen. Dieser Rahmen ist eine gute Grundlage für die pädagogische Fachkraft, um zu mehr Handlungssicherheit zu kommen. Häußler/Tuckermann/Kiwitt gliedern bei Kindern mit herausforderndem Verhalten das praktische Vorgehen in fünf Phasen, die inhaltlich erläutert und anhand von Beispielen anschaulich beschrieben werden. Außerdem gibt es zu jeder Phase Arbeitsmaterialien, die den Prozess begleiten und als Download zur Verfügung stehen (Häußler/Tuckermann/Kiwitt 2022).

Strukturierung und visuelle Gestaltung von Raum und Zeit

Strukturierung und Visualisierung des Raumes

Die Orientierung im Raum fällt dem Kind leichter, wenn ihm klar ist, was an welchem Ort erwartet wird und was es dort tun kann. Schon mit einfachen Hilfsmitteln wie Klebeband, Schildern, Bildern, Fotos, Piktogrammen oder Symbolen kann ihm bei seinen Bewegungen im Raum eine nützliche Orientierungshilfe gegeben werden. Auch vertraute Gegenstände, wie Spielsachen von zu Hause, können dem Kind helfen, sich in neuen oder fremden Räumen zurechtzufinden.

Strukturierung und Visualisierung der Zeit

Kinder fühlen sich in vorgegebenen Zeitstrukturen wohl. Sie wollen wissen, wann etwas beginnt, wann es aufhört und was danach kommt. Es gibt viele Möglichkeiten, mit einfachen Hilfsmitteln die Zeitverläufe im strukturierten Raum visuell darzustellen.

Im strukturierten Raum und in der strukturierten Zeit können Aufgaben in kleinere Handlungsschritte gegliedert werden.

Beispiel:

Kinder sitzen um einen Tisch und reichen eine Schachtel mit Spielgegenständen herum. Jedes Kind kann sich einen Gegenstand herausnehmen und ihn benennen. Diese Aufgabe mag einfach erscheinen, sie konfrontiert die Kinder aber mit einer Reihe von Anforderungen im Raum und in der Zeit: sich auf die Schachtel konzentrieren – die Schachtel von einem anderen Kind annehmen – sich aus der Schachtel den gewünschten Gegenstand auswählen – diesen Gegenstand benennen – den Gegenstand aus der Schachtel nehmen – die Schachtel dem nächsten Kind weitergeben.

Mit Musik, Rhythmik und Spiel das Kind zum Handeln einladen

Musik und Rhythmus rufen ein Gefühl der Sicherheit hervor

5

Musik und Rhythmus, eine Botschaft ohne Worte, haben unvermittelt einen Sinn. Musik und Rhythmus teilen dem Kind etwas ohne Worte mit – und machen darüber hinaus Spaß. Die Kontinuität einer Melodie, die wie ein Fluss fließt, und die Erwartung der rhythmischen Gestalt, rufen ein Gefühl der Sicherheit hervor. Fachkräfte und Kind können ein Gefühl dafür entwickeln, dass jeder für sich spürt: Ich bin im Rhythmus und der Rhythmus ist in mir.

Eine rhythmisch gestaltete Melodie kann Interesse wecken und ein zurückgezogenes Kind zum Mitmachen anregen; ein ruhiges Lied kann ein erregtes Kind beruhigen.

Mit Singen, Musik und Rhythmus können viele emotionale Zustände ausgedrückt werden, ohne den anderen zu bedrohen oder zu erschrecken. Das einfachste und natürlichste Instrument ist die menschliche Stimme, die in der kommunikativen Situation mit den Augen begleitet wird. Die Fachkraft braucht keine Musikerin oder kein Musiker zu sein, wenn es darum geht, etwas zu sagen und in eine ganz einfache und natürliche Melodie zu kleiden.

Mit einer erfundenen Melodie mit dem Kind in Kontakt kommen

Wenn es um das Aufräumen der Spielsachen geht, kann mit einer spontan erfundenen Melodie „Wir räumen jetzt auf, wir legen alles auf seinen Platz" das Kind zum Mitmachen eingeladen werden. Die singende Person kann das Kind beobachten und sich ganz auf das Kind, das mit seinem Auto noch in sich versunken spielt, einstimmen. Sie kann schnell oder laut singen, den Rhythmus verlangsamen oder beschleunigen und versuchen, das Interesse des Kindes zu wecken.

Das Singen sollte für die Fachkraft kein Problem sein, denn irgendeine vertraute Melodie mit passenden Worten zur Situation lässt sich leicht finden. Und wenn das Kind z. B. das Lied „Backe, backe Kuchen" gerne hört, kann dies natürlich als Einstieg genommen werden, um mit ihm in Kontakt zu kommen.

Wenn ein Lied dem Kind bereits vertraut ist, kann es ihm vorgesummt oder -gesungen und plötzlich abgebrochen werden, ehe es zu Ende ist. Das in sich versunkene Kind erwartet das Weitersingen und kann sich eingeladen fühlen, ganz spontan einen Ton von sich zu geben oder sogar die begonnene Melodie zu Ende zu singen.

Hier wird im Medium des Singspiels, der Musik und des Rhythmus das Kind aus seinem „autistischen Gefangensein" herausgelockt. Das plötzliche Schweigen kann es überraschen und es fühlt sich innerlich gedrängt, zur Fachkraft zu schauen, um zu sehen, wo die Melodie geblieben ist. Es sucht nach Orientierung und schaut in die Richtung, aus der die Töne kommen: Das Kind schaut in ein einladendes und freundliches Gesicht. Das kann der Beginn eines Kommunikationsspiels sein.

Durch Singen das Kind in die gemeinsame Welt holen

Singt die Fachkraft dem Kind ein vertrautes Lied vor (z. B. „Häslein in der Grube"), das sie dann plötzlich abbricht, erzeugt sie eine Erwartungshaltung beim Kind. Sie wartet in aller Ruhe ab, ist aber auf das Kind konzentriert. Sie ermuntert mit ihrem empathischen Schauen und stillen Nicken (Bewegungsgeste) das aufschauende Kind – und setzt das Lied wie ein Gespräch fort. Hat nun das Kind einen Teil des Liedes übernommen, und sei er auch noch so klein, greift sie diesen Part auf und singt das ganze Lied noch einmal. Auf diese Weise kann das autistische Kind in die gemeinsame Welt hineinfinden.

Bei diesen Kommunikationsspielen, die für alle Kinder der Gruppe interessant sind, vor allem für jene, die Störungen in der Kommunikation und Emotion zeigen, wird eine Erwartungshaltung angeregt und aufgebaut: Was kommt jetzt und was kommt danach? Dem, was kommen kann oder kommen wird, gibt das Kind einen Sinn, auf den es sich hin orientiert. Es will bei seinen rhythmisch gestalteten Spielaktivitäten mit Lerngegenständen einen Sinn erfahren.

Das Kind in Bewegungslieder und Rhythmen einbinden

Singen macht nicht nur Freude. Singen ist auch ein bedeutsames Mittel, um dem autistischen Kind zu helfen, das nachzuholen, was es in seiner bisherigen Entwicklung versäumt hat. Lieder, die viel Fantasie brauchen, um Worte und Gedanken zu verstehen, sind weniger geeignet. Bei einfachen vertrauten Liedern dagegen kann man erleben, dass die Kinder erstmals Laute bilden oder Worte sagen. Das Lied ist dann geeignet, wenn die Fachkraft erlebt, dass sie die Aufmerksamkeit des Kindes in seinen Bann zieht, dass das Kind sich hinsetzt und mitmacht. Ein Lied, das die Aufmerksamkeit und das Interesse des Kindes weckt, zeichnet folgende Merkmale aus:

- Bewegungen (Handlungen), bei denen das Kind etwas bewirken kann, und ein
- Rhythmus, der in die Beine und Hände geht,

schaffen Erwartungen, die Aufmerksamkeit wecken und aufrechterhalten.

5

Für ein autistisches Kind sind weniger die Worte oder Geschichten eines Liedes bedeutsam, sondern vielmehr der Rhythmus und die Melodie selbst. Die Worte eines Liedes erregen die Aufmerksamkeit eines Kindes am ehesten, wenn sie mit bestimmten Handlungen verbunden sind. Als Beispiel sei das bekannte Lied „Hoppe, hoppe Reiter“ genannt. Es regt das Kind spontan zum Mitmachen an, sofern ihm die Fachkraft genügend Zeit gibt, sich auf die nachahmenden Tätigkeiten einzulassen.

Das Kind aus seiner Welt, in der es mit dem „autistischen Gegenstand“ lebt, herauslocken

Noch ehe sich beim Kind autistische Verhaltensweisen zu Gewohnheiten verfestigen, sollte versucht werden, durch Spiel, Rhythmik und Musik Wege zu finden, es aus seiner Welt herauszuholen und in die Kommunikation und Interaktion hereinzuholen. „Dies erfordert einen sanften und besonnenen Ansatz, der mit Wärme sowie mit Entschlossenheit und Disziplin angewendet werden muss. Man darf nicht herausreißen, was das Kind als einen Teil von sich selbst empfindet." (Janert 2016, S. 201)

Situationen schaffen, die dem Kind gemeinsames Spielen ermöglichen

Beispiel:

In einer inklusiven Kita in Ungarn schaukeln Kinder auf der Wippe. Sie verlassen diese, wenn Emma, ein Kind mit Autismus, mitschaukeln will. „Die Erzieherin ermahnt die Kinder nicht, dass sie Emma vom Spiel nicht ausschließen sollen, sondern sie zeigt sich sehr erfreut, nun Emma beim Schaukeln Gesellschaft leisten zu können." (Kron/Papke/Windisch, 2010, S. 50) Bald sammeln sich einige Kinder um die Erzieherin. Sie wollen mit Emma schaukeln.

Bei diesem Beispiel ist die Erzieherin ein Rollenmodell für die Kinder. Sie zeigt ihnen, wie sie zusammen etwas tun und wie sich die Kinder aufeinander einlassen können. Gerade bei Sing- und Bewegungsspielen fühlt sich das autistische Kind eingeladen mitzumachen. Durch diese rhythmischen Spielübungen werden Brücken zum „unerreichbaren Kind" gebaut.

Erkenntnis: Geboten ist ein achtsam-feinfühlendes Gestalten der pädagogischen Situation

- Ein kommunikationsbeeinträchtigtes Kind ist in seinem So-Sein anzunehmen, wertzuschätzen, zu begleiten und zu leiten.
- Zu beachten ist sein Bedürfnis nach
  - räumlicher Ordnung in der Umwelt (Struktur)
  - zeitlicher Ordnung und Vorhersehbarkeit der alltäglichen Abläufe
  - bildlich-anschaulicher Gliederung und Gestaltung der Lernumgebung
  - einfacher und klarer Kommunikation
  - Rückzug aus sozialen Situationen
- Das Kind bedarf der Gegenwart einer vertrauten, Halt gebenden und aushaltefähigen Fachkraft, die es gelassen, geduldig und

nachsichtig zum (Mit-)Handeln einlädt. Norm ihrer Haltung und Handlung ist das individuelle Kind mit seinen Bedürfnissen, seinen Stärken, Ressourcen und Kompetenzen – und nichts anderes (Klein 2019b, S. 266). Diese Haltungsmethode ermöglicht dem Kind, aus seinen geschlossenen Handlungsräumen, in denen Rituale und Stereotypien dominieren, in gemeinsam gestaltete Beziehungsräume hineinzufinden.

- Notwendig ist die Strukturierung der Umwelt und die visuelle Verdeutlichung der Strukturen von Raum, Zeit, Arbeitsorganisation und Material. Die Strukturierungshilfen sind individuell zu gestalten und immer wieder an die neuen Lernbedingungen anzupassen.
- Bei der strukturiert gestalteten Erziehungssituation ist darauf zu achten, dass die Angebote für Kommunikation (mit Menschen) und Interaktion (mit Gegenständen) einfach und eindeutig sind, die es dem Kind ermöglichen, seinen Körper (Leib) zu erspüren, zu sehen und zu hören und zu einer sinnvollen rhythmischen Lebens- und Spielgestaltung zu verbinden.
- Bei der achtsamen Gestaltung in einem lebendigen Miteinander benötigt das Kind eine vertrauenswürdige, verlässliche und konsequent-haltgebende Begleitung und Leitung.

Fazit

- Das lebendige und freudige Miteinander im zeitlich, räumlich und visuell strukturierten Erziehungs- und Bildungsraum bedarf einer aufmerksamen und feinfühlenden Haltung, die dem Kind mit Autismus hilft, in die reale Welt einzutreten, andere Menschen und die Welt um es herum wahrzunehmen und zu entdecken.
- Mit dieser offenen und freudigen Erwartungshaltung kann die pädagogische Fachkraft dem Kind beim Überwinden seiner Ängste und Schwierigkeiten helfen. Hat es durch eine ruhige und konsequente Hilfe die kritische Schwelle des Widerstandes überwunden, fühlt es sich wohl und zufrieden und kann Freude am Lernen entwickeln.
- In diesem zwischenmenschlich mitschwingenden Raum (Resonanzraum) sind Kind und Fachkraft zum gemeinsamen Weiterschreiten eingeladen. Dieser feinfühlend-empathische und sinn-

verstehende Weg erschließt sich im Gehen, bei dem durch die „Kunst des Erziehens" weitere Brücken zum scheinbar unerreichbaren Kind gebaut werden können (Klein 2021, S. 151).

Zur Kultur des Spiels in Kindertageseinrichtungen

Vorbemerkung

Ehe unsere Kinder noch tiefer in den Brunnen fallen, muss sich die Bildungswissenschaft zu Wort melden. Ihr geht es nicht um eine formale Logik, um ein Denken von oben nach unten, sondern um Bewusstseinsbildung und Schärfung der praktischen Urteilskraft für eine Welt des Lebendigen.

Über diese Bildungsfragen lässt sich nicht in einer naturwissenschaftlichen Terminologie diskutieren. Das wäre weder den Kindern noch der Sache und schon gar nicht der Profession angemessen. Für die Bildungswissenschaft gilt weiterhin, was Wilhelm von Humboldt (1767–1835), Gelehrter, Schriftsteller, Staatsmann und Gestalter des Bildungswesens im Geiste des Neuhumanismus, erkannte: Für ihn sind es die Verbindungen mit Menschen, die dem Leben seinen Sinn und Wert geben.

Einführende Gedanken

Das organisch Ganze der Spielpädagogik kann nicht gleichzeitig in Sprache gefasst werden, sondern nur in einem verzweigten und wechselseitig sich ergänzenden Nacheinander. Das macht es nötig, bisweilen eine Stelle mehrmals zu berühren. Dabei treten Wiederholungen auf, die in einem anderen Bedeutungszusammenhang stehen.

Zudem unterliegt das lebendige Bildungsgeschehen dem Wandel der Zeit, das von vielen Bedingungen abhängt, die jeder aufgrund seiner Lebensgeschichte in seinem Arbeitsfeld in der Lebensgrundform „Spiel" reflektieren kann und zu beachten hat: Spiel gilt als die bedeutsamste Grundbedingung für alle Entwicklungs- und Lernprozesse.

Wissenschaftliche und praktische Erfahrungen werden mit anschaulichen Begriffen in den Fragehorizont gebracht. Die Begriffe wollen ansprechen, Neugierde und Interesse wecken. Das lehrt die Geschichte der Pädagogik: Zuerst kommt die persönliche Erfahrung, die gedeutet, verbessert und gewandelt werden kann. Erst die erlebte und gemeinsam reflektierte Erfahrung bildet das Bewusstsein in einem nicht abschließbaren Prozess. So bewahren wir uns die kindliche Neugierde.

Erziehungswissenschaftler warnen in Tages- und Wochenzeitungen die Politik, Lehrkräfte und pädagogischen Fachkräfte aller Einrichtungen vor der Verplanung und Digitalisierung der Bildung. Dadurch bleibt die lebensnahe Persönlichkeitsbildung auf der Strecke. Deshalb ist zu beachten: Durch eine Pädagogik der achtsamen Beziehungsgestaltung ermöglichen es die Fachkräfte aller Bildungseinrichtungen den Kindern sowie Schülerinnen und Schülern, sich zu autonomen, emphatischen und verantwortungsbewussten Menschen zu entwickeln. Sie haben sich mit ganzer Kraft für eine wertorientierte lebensnahe Erziehung einzusetzen und dafür bestmögliche Bedingungen und Ressourcen zu schaffen. Das trifft besonders für die Erziehung und Bildung in Kitas zu, die diesen grundlegenden Fragen immer stärker aus dem Weg geht (Krenz 2022a).

Tipp:
Als Ergänzung und Vertiefung empfehle ich meinen Beitrag *Spiel- und Lernkultur in der inklusiven KiTa*, ZUKUNFTS-HANDBUCH Kindertageseinrichtungen, Ausgabe 3/2015.

Das Kind muss im Zentrum stehen

Ausgangs- und Mittelpunkt ist das Kind und nicht ein „gesellschaftsrelevantes Wettbewerbsobjekt"

Für den Kindheitspädagogen Armin Krenz, der aus seinen vielfältigen Wahrnehmungen in Kitas und bei der Aus- und Weiterbildung der pädagogischen Fachkräfte schöpft (Klein 2023), kommt das gesamte Kinderleben immer stärker einem Leben gleich, das fast ausschließlich einer Aneinanderreihung von pädagogischen Arrangements entspricht. Es wird durch eine alltagsverbreitete Annahme für Kinder gedacht, geplant, arrangiert und in vorgestanzten Musterbögen strukturiert: Je mehr Förderangebote und Stimulation das Kind erhält, desto mehr Synapsen bilden sich im Gehirn und desto mehr Vitalität besitzt das gegenwärtige und zukünftige Kind. Dabei bleibt die zentrale Frage unbeantwortet: Inwiefern sind die Kinder wirklich der Ausgangs- und Mittelpunkt einer lebendig gestalteten Pädagogik? Vielmehr wird das Kind aufgrund einer wirtschaftspolitischen Zuordnung als „gesellschaftsrelevantes Wettbewerbsobjekt" angesehen (Krenz 2022a). Dem kann die Bildungswissenschaft nicht folgen, denn das widerspricht der Natur des individuellen Kindes, das nach seinen ursprünglich veranlagten Kräften schöpferisch spielen und lernen will – und nicht gemäß vorgegebenen fremden Programmen, die sein kreatives Denken, seine Selbstbildung zerstören.

Das Kind in seiner Lebensgrundform „Spiel" feinfühlend begleiten

In dem Maße, in dem nun dem Kind seine Selbstaktivität sowie seine subjektiv geprägte Wahrnehmungsorientierung genommen werden, kommt es immer stärker zu einer Einschränkung und zum Abbau seiner Selbstbildungskräfte, was für eine nachhaltige Bildungsentwicklung kontraproduktiv ist. Janusz Korczak, der große feinfühlende Arztpädagoge, trat stets für die „Rechte des Kindes" ein. Er kam nach einem lebenslangen aufmerksamen Studium aus der erlebten Praxis heraus zur Erkenntnis: Die pädagogische Fachkraft hat das zutiefst Menschliche im Menschen wiederzuentdecken, Menschlichkeit füreinander zu bewahren und im täglichen Zusammenleben bewusst zu pflegen. Sie hat das Gute im Kind zu achten, es im Resonanzraum der Bildungseinrichtung zu begleiten und „seine Selbstwirksamkeit durch wechselseitiges Vertrauen sinnerfüllt zu ermöglichen" (Klein 2022, S. 78).

Spiel als eigentlicher Beruf des Kindes ist aller Bildung Anfang

Jedes Kind will aktiv sein und sich in seiner Lebensgrundform „Spiel" im achtsamen Dialog aus sich selbst heraus entwickeln. Deshalb versteht Armin Krenz das „Spiel als den Beruf jedes Kindes" (Näheres in Klein 2023, S. 73).

Kein Kind darf nach den Vorstellungen Erwachsener manipuliert, bearbeitet oder verändert werden. Wird es dennoch zu dem gemacht, was der eigenen Vorstellung entspricht, käme dies einer Verstörung oder gar Zerstörung der Individualität des Kindes gleich (Klein 2025).

Im Spiel entwickelt und übt jeder Mensch lebenslang sein Selbstwirksamwerden, sein biopsychosoziales und emotionales Wachstum, seine Ressourcen, Lernpotenziale und Kompetenzen: „Das Spiel kann als Urphänomen des Lebens gedeutet werden: ‚Spiel ist aller Bildung Anfang.'" (Klein 2012, S. 81; 2018, S. 154)

Kindertageseinrichtung: ein Ermöglichungsraum für mehr Lebensqualität

Nach bisherigen Erfahrungserkenntnissen können wir davon ausgehen, dass jeder Mensch ein autonomes, sich selbst strukturierendes und organisierendes System ist, das sich im Austausch mit seiner Umwelt entwickelt. Die Entwicklung wird nicht von außen determiniert oder gelenkt, sondern das Individuum wählt vor dem Hintergrund seiner lebensgeschichtlichen Erfahrungen, seiner Interessen und seiner persönlichen Disposition autonom aus, welche Einflüsse zum jeweils gegebenen Zeitpunkt für seine Entwicklung bedeutsam sind.

Durch diese selbst initiierten Aktivitäten fühlt sich jedes Kind wohl. Das wurde in zahlreichen Studien verifiziert und soll für die Frühpädagogik handlungsleitend sein: Anstelle von Interventionsstrategien oder gar Baby-Gehirnjogging sind dem Kind individuelle Angebote zu machen, die an seine Stärken und Ressourcen anknüpfen, ihm Wohlbefinden und Selbstwirksamwerden ermöglichen. Darauf weist die Hirnforschung an zentraler Stelle hin: Bei einem sich wohlfühlenden und selbstwirksam tätigen Kind entstehen starke innere Bilder in Form gebahnter Verschaltungen, die durch Wiederholen des Erlebten und Erfahrenen die Entwicklung des eigenen Bewusstseins, der unverwechselbaren Individualität ermöglichen. Die hier entstehenden inneren Bilder sind als strukturierende Kraft zu verstehen, die auch Stress in ein bewusstes, emotional fundiertes Wollen wandeln (Klein 2025).

Das kann nur gelingen, wenn sich die pädagogische Fachkraft von der Vorstellung, Kinder belehren zu müssen und ihnen Wissen beizubringen, radikal und konsequent verabschiedet und für eine alltagsorientierte, lebendige, lernunterstützende Bildungsatmosphäre sorgt. Bildung hat im ursprünglichen Sinn nichts mit einem schulischen Lernen zu tun und noch weniger mit einem vorschulorientierten Arbeiten. Deshalb hat die Fachkraft engagiert und selbstinteressiert über den eigentlichen Sinn der Bildung und die Aufgaben einer persönlichkeitsbildenden Elementarpädagogik grundlegend nachzudenken. Nur dadurch kann eine nachhaltige „Bildung durch Bindung“ (Krenz/Klein 2013) gelingen.

Um diese Bildung auf der Grundlage einer hohen Beziehungsqualität als Voraussetzung zur Initiierung von Selbstbildungsprozessen bei sich selbst und Kindern zu realisieren, bedarf es weiterhin:

- einer gut ausgeprägten Reflexionsbereitschaft zur Selbstbetrachtung
- einer Wahrnehmungsoffenheit zur Betrachtung der Realität, wie Kinder heute aufwachsen und was sie für eine entwicklungsförderliche Begleitung brauchen
- der persönlichen Selbsterfahrung im Hinblick auf folgende Merkmale: Arbeitsmotive, Interessen, Abneigungen, Werte, Normen
- der Fähigkeit, Gefühle bei sich und anderen identifizieren zu können sowie deren Bedeutungswerte zu verstehen
- der regelmäßigen Betrachtung der persönlichen Kommunikations- und Interaktionskultur
- einer regelmäßigen Überprüfung der eigenen Handlungsauswirkungen
- einer intrinsischen Bereitschaft, aus eigenen Fehlern zu lernen
- der Auseinandersetzung mit eigenen Vorurteilen
- der realistischen Einschätzung eigener Kompetenzen
- einer regelmäßigen Bestandsaufnahme, wie hoch die eigene Kompetenz ist

Spielpraxis ermöglicht Inklusion von Anfang an

Im Folgenden weise ich auf weitere Erfahrungserkenntnisse hin und ergänze die bisherigen Impulse zum Spiel für die inklusive Praxis.

Freiheit und Würde des Spiels

Die Familie des Bildungsforschers und Bildungspolitikers Hellmut Becker (1913–1993) diskutierte ihre Erfahrungen über die Bedeutung des Spiels für den Menschen und fand folgende Antworten (Becker 1989; Klein 2018, S. 154 ff.):

- Das Bedürfnis zu spielen wird durch die Angst zu spielen verdrängt, weil das Zwangssystem gesellschaftlicher Organisationen die Spielmöglichkeit des Menschen fortlaufend einschränkt.

- Die Unfähigkeit zum Spielen sowie die Angst vor dem Spielen machen eine lernende Gesellschaft zu einer armselig verkümmernden Gesellschaft.
- Menschen im Beruf und im persönlichen Leben sollten sich befähigen, diese Angst vor dem Spielen zu überwinden, mehr zu spielen und dabei anderen zu helfen.
- Spiel ist zum Prinzip von Lernen und Erziehen überhaupt zu machen.

Diese Erfahrungen weisen auf die fundamentale Bedeutung des Spiels für die Entwicklung des Menschen hin. Das lehrt die Kindheits- und Bindungsforschung (Krenz/Klein 2013): Die im Kind schon vor der Geburt angelegten Gegensätze von Freiheit (Autonomie, Eigenaktivität) und Gebundenheit (Bindung, Sicherheit) sind auf einen einladenden Spielraum angewiesen, der die Bedingungen für die individuelle Entwicklung schafft. Jede Umgangsform, ja jede Form überhaupt, tritt spielerisch zutage und will gespielt sein. Geboten ist die Kunst des Erziehens, die nach dem Begründer des Kindergartens, Friedrich Wilhelm August Fröbel (1782–1852) aus der Idee des Guten kommt.

Fröbel spricht von einer das ganze Leben umfassenden Erziehung im Spiel und durch das Spiel (Näheres in Klein 2015, S. 2): Durch freies und selbsttätiges Spiel bilden sich – ohne Unter- oder Überforderung – Fantasie, sinn- und wertbezogenes Handeln und Denken und das Erkennen von sozialen Abhängigkeiten und Gesetzmäßigkeiten. Fröbel hat lebenslang von Kindern gelernt. Seine lebendige Sprache ist dem Kind nahe, sie geht von den Bedürfnissen und Interessen des Kindes aus – und nicht von definierten Begriffen. Seine Spielpädagogik denkt und fühlt mit dem Kind, ja sie denkt und fühlt wie ein Kind (Klein 2025).

Im Spiel liegen ganzmachende Kräfte

Während der Schwangerschaft ist das Kind noch ganz mit seiner Umgebung verwachsen. Daher können traumatisierende Erfahrungen der Mutter wie Stressbelastung, Konflikte in der Partnerschaft oder im Umfeld, existenzielle Angst vor möglichem Verlassenwerden die Ausbildung des kindlichen Organismus beeinflussen. Alles, was die Mutter während dieser Zeit erlebt, wirkt auf ihren Stoffwechsel und kann im Extremfall nachhaltige Beeinträchtigungen beim Kind nach sich ziehen. Nach der Geburt beginnt ein längerer

Prozess, in dem das Kind durch fantasiereiches Spiel sein Inneres mit dem Äußeren seiner Umgebung in ein ausgleichendes und harmonisches Verhältnis bringen will.

In einer einladend gestalteten Atmosphäre erlebt das individuelle Kind die Gewissheit: Ich bin nicht allein, ich habe Menschen, die auch dann bei mir bleiben, wenn es (noch) keine unmittelbare Lösung des Problems gibt oder zu geben scheint. In diesem Miteinander von Kind und Bezugsperson bildet sich ein Resonanzraum, in dem panische Angst und/oder schwer nachvollziehbare herausfordernde Verhaltensweisen positiv beeinflusst werden. Durch diese wechselseitigen Erfahrungen erleben das einst gefährdete Kind und seine begleitende Erzieherpersönlichkeit, dass diese Momente gemeinsam ausgehalten und erfolgreich überstanden werden.

Geborgenheit ermöglicht dem Kind, sein Spiel zu spielen

Dass ein Kind erst aus dem Erleben von Geborgenheit (Sicherheit, Zuverlässigkeit, Beständigkeit) sich frei und mit kühnen, ja utopischen Fantasien über alles erheben will, hat Astrid Lindgren (1927–2002) in ihren weltbekannten Kinder- und Jugendbüchern gezeigt. Sie ist in die Welt der Kinder eingetaucht und gab ihnen mit ihren fantasievollen und utopischen Gedanken jene Spielräume, nach denen sie sich sehnen. Sie schenkte ihnen Möglichkeitsräume für ein glückliches Leben, die sie durchspielen und der wirklichen Welt entgegenstellen können.

Lindgrens Geschichten faszinieren seit Generationen unzählige Kinder. Sie ermöglichen dem Kind, seine Fantasie und Vorstellung (Denken), sein Fühlen und Handeln frei auszudrücken und sich durch das Erfahren von Gut und Böse, Sieg und Niederlage, Erfolg und Misserfolg zu erproben.

Hier bezieht sich das Kind nicht auf die gegebene Wirklichkeit. Es bildet vielmehr mit Lebensfreude eine neue Wirklichkeit, die einem entworfenen Spiel gleicht. Dies steht gegen den heute berechnenden und messenden Verstand, der nach dem Existenzphilosophen und Psychiater Karl Jaspers (1883–1969) wie in einem Gefängnis von Konventionen und Meinungen die Entfaltung der „Genialität der Kinder“ niederdrückt. (Jasper 1965, S. 12)

Das lehrt auch der höchst beeindruckende philosophische Briefwechsel des fantasie- und ideenreichen Kindes Nora mit dem weltweit anerkannten Philosophen Vittorio Hösle (Näheres in Kreft/Hösle 2022).[16]

Dem Kind sein fantasiereiches Spiel ermöglichen

Nach dem weltweit bekannten Physiker Albert Einstein (1879–1955) ist „Phantasie wichtiger als Wissen, denn Wissen ist begrenzt. Phantasie umkreist die Welt" (zit. n. Zimpel 2019, S. 31). Diese Erkenntnis trifft besonders für das Kind zu, denn es will von Beginn an seine Fantasie und seinen Forschergeist zusammen mit anderen Menschen entwickeln. Aus der Spielforschung ist weiter bekannt (Klein 2021, S. 95 ff.):

- Spiel als ureigene Lebensform ist der Wille zum Leben, den jeder Mensch mit seinem Denken in der Tiefe seines Herzens pflegen will.
- Durch rhythmische und musische Spiele entstehen Resonanzräume, die auch das scheinbar unerreichbare Kind zum gemeinsamen Weiterschreiten einladen.
- Im Spiel begegnen sich Menschen. Das Ich des einen entwickelt sich am Du des anderen. So kann in kleinen Lebenseinheiten eine einladende Welt gestaltet werden. Nach der Ärztin, Philosophin und Reformpädagogin Maria Montessori (1870–1952) baut sich das Kind in Kommunikation mit anderen Menschen seinen inneren Bauplan auf und schafft so seine Wirklichkeit (Klein 2025).

Im Spiel gestaltet das Kind seine Wirklichkeit

Ein Holzstück kann ein Schiff sein. Und ein Stück Stoff verkörpert die Prinzessin. Die Prinzessin geht vom Schiff an Land. Das Kind betrachtet es weder als Betrug noch als Selbstbetrug, dass es in Wirklichkeit ein Stoffstück an Land trägt. Im Spiel gewinnt der Gegenstand jene Bedeutung, die ihm das Kind verleiht. Es schafft selbstwirksam die Bedingungen, unter denen verschiedenste, ja widersprüchlich erscheinende Lebenserfahrungen sich miteinander verbinden. Das zeigen die folgenden Beispiele.

---

[16] Das Buch wurde in 15 Sprachen übersetzt.

Lena und ihr Spiel

Lena, vier Jahre, ein Kind mit Down-Syndrom, spielt im Kindergarten mit ihrer Puppe. Die Puppe ist ihr Kind. Sie heißt Susi. Susi ist bald hungrig, bald traurig, bald schmutzig, bald unfolgsam und am Ende ist sie müde. Lena füttert ihre hungrige Susi, tröstet und ermutigt ihre traurige Susi. Sie wäscht ihre schmutzige Susi, bestraft ihr unfolgsames Kind und bereitet schließlich ihre müde Susi zum Schlafengehen vor und legt sie in aller Ruhe ins Bett.

Lena erlebt ihre Susi in Analogie zum eigenen Ich. Sie schlüpft in die Rolle der Mutter und identifiziert sich mit der Puppe, die ganz und gar ihr gehört: Die müde Susi muss jetzt schlafen – Lena ist auch müde und geht nun schlafen.

Marie und ihr Spiel

Die fünfjährige Marie geht im Gruppenraum zu ihrer Freundin Theresa. Sie erzählt ihr, wozu sie Lust hat (= Interesse). Ausgiebig spricht sie über ihre Wünsche und Gedanken, darüber, wie sie sich ihre Hochzeit mit ihrem Freund Jan vorstellt (= Sprache/Sprechen). Marie führt Theresa zuerst zur Verkleidungskiste, dann zum Spiegel und probiert mit ihrer Hilfe viele verschiedene Sachen an (= sozialer Bereich). Die Hüte, Schleifen und Schleier reichen offenbar nicht aus. Marie überlegt und geht zum Materialschrank, in dem sie schöne Stoffreste findet. Sie schaut diese mit Theresa an. Die beiden entschließen sich, ein Kleid herzustellen, das alle bisherigen Hochzeitskleider weit in den Schatten stellen soll. Aber wie kann aus den Stoffresten ein Kleid gemacht werden? Nadel und Faden sind nicht vorhanden. Marie überlegt weiter (= Denken). Plötzlich hat sie eine Idee. Sie geht zum Kerzenschrank, fragt die Erzieherin um Erlaubnis und schmilzt alle Kerzenstummel in einem Topf ein. Sie weiß, dass Kerzenwachs bei entsprechender Hitze flüssig wird (= Intelligenz). Bald ist das gesamte Wachs flüssig. Nun breitet sie einen großen Papierstreifen auf den Boden aus, legt sich darauf und lässt sich von Theresa ihren Körperumriss auf dem Papier aufzeichnen. Sie legt die Stoffe so auf das Papier, wie sie es sich ausgemalt hat (= Fantasie). Bald beginnt sie, die Stoffreste an ihren Enden mit dem flüssigen Wachs zu verbinden. Sie geht zwischen dem nun entstehenden Brautkleid und dem heißen

Wachs hin und her (= Bewegung). Ihre konzentrierte Spieltätigkeit führt zum Erfolg. Marie fühlt sich bestätigt. Sie hat ihr Vorhaben so abgeschlossen, wie sie sich das in ihrer Vorstellung und Fantasie ausgemalt hatte (= Kreativität). Rasch zieht sie das Kleid an und tanzt vor Freude (= Gefühl). Die Tatsache, dass ihr Auserwählter wegen des Weiterspielens mit Heiko keine Lust zur Heirat hat, stört Marie nicht weiter. Sie entschließt sich spontan, mit Theresa ab sofort eine Modeboutique zu eröffnen.

Spielen und Lernen bilden eine Einheit

Lena und Marie verstehen das Spiel als Mittelpunkt ihrer Aktivitäten und verleihen ihm die Bedeutung, die sie für wichtig halten. Sie stabilisieren ihre Ich-Identität, verbessern ihre Belastbarkeit, erweitern ihre soziale Sensibilisierung und eignen sich die Gegenstände der Natur und Kultur an.

Kinder bilden in ihrer Lebensgrundform „Spiel" ihr eigenaktives Handeln aus, das ihre geistigen, sozialen, emotionalen, motorischen und kreativen Potenziale weiter anregt. Und das geschieht in einer differenzierten Vernetzung und gleichzeitigen Vielfalt, die kein Lernförderprogramm erreichen kann. Spielen ist untrennbar mit der Entwicklung des Kindes verbunden und besitzt daher entscheidende Bedeutung für seine Entwicklung. Es gilt als Vorstufe und Nährboden für den Erwerb lebenspraktischer Fähigkeiten und Fertigkeiten, um das eigene Leben weitestgehend autonom, initiativ und selbstbewusst zu gestalten. Das Spiel trägt dazu bei, dass das Kind

- selbst aktiv wird und gleichzeitig lernt (concomitant learning),
- Gewohnheiten und Routine überwindet,
- Lösungswege für Handlungsabsichten entwirft und einsetzt,
- bekannte Handlungsmuster erweitert und hinderliche Muster überwindet,
- sich unbekannten Dingen des Lebens zuwendet, sich mit ihnen auseinandersetzt und neugierig bleibt,
- kreative Aspekte in seinen Handlungsspielraum integriert,
- Neues wagt,

- Sinnverbindungen knüpft und somit
- ein suchendes und schöpferisches Subjekt bleibt.

Sieht man in diesen Kompetenzen lebensbedeutsame Grundleistungen, dann wird deutlich: Spielen und Lernen bilden eine nicht zu trennende Einheit (Klein 2021, S. 80 ff.). „Spielen ist Lernen bzw. Lernen ist Spiel." (Krenz 2020, S. 16)

Das Spiel des Kindes ist also kein bedeutungsloser Zeitvertreib, wie Erwachsene oftmals meinen. Spiel darf nicht in funktionalisierter Form gezielt eingesetzt werden. Es muss zweckfrei und funktionsvielfältig erlebt werden können. Spielfreude hilft dem Kind, seine Selbstaktivität immer wieder aufs Neue entdecken und einsetzen zu wollen – und das ist bekanntermaßen die wichtigste Form des Lernens. Denn es geht auch im späteren Leben darum, die Welt zu erkunden und dabei den eigenen Stellenwert zu entdecken, sich bei Problemstellungen auf die Suche nach Lösungswegen zu begeben, lösungsorientierte Handlungswege zu entwickeln und mit Motivation, Konzentration und Lernbereitschaft das eigene Leben selbstverantwortlich zu gestalten.

Das sich aus den veranlagten Kräften entwickelnde Spiel wirkt wie „ein Feuerwerk für die grauen Zellen im Gehirn" (Hüther/Quarch 2018, S. 15). Spiel ist für jedes Kind wie der Humus. Darauf machen der Neurobiologe Gerald Hüther und der Philosoph Christoph Quarch aufmerksam. Beide Forscher bestätigen sowohl aus biologischer als auch aus philosophischer Sicht das bekannte Wort des Dichters Friedrich Schiller (1759–1805), das wir in seinem 15. Brief über die ästhetische Erziehung des Menschen finden: „Der Mensch spielt nur, wo er in voller Bedeutung des Wortes Mensch ist, und er ist nur da ganz Mensch, wo er spielt."(zit. n. Klein 2021, S. 95) Der Sinn dieser Aussage gewann an Tiefe, als die Hirnforschung entdeckte, dass kleine Kinder über viel mehr neuronale Verschaltungen im Gehirn verfügen als Erwachsene. Daraus wird auch deutlich, dass kein Kind dem anderen gleicht, nicht einmal eineiige Zwillinge.

Jedes Kind spielt aus seinem Frei-Sein sein eigenes Spiel und baut so seine ganz eigene Welt, sein individuelles Weltbild auf. Grenzt das nicht an ein Wunder, gerade dann, wenn Menschen sich untereinander verstehen, sich letztendlich – auch im Streit – auf bestimmte Tatsachen und Regeln einigen und am Ende diese Unterschiede als Bereicherung erleben und die Würde des anderen achten lernen?

Sie erleben Freiheit in mitmenschlicher Verbundenheit. Diese Weisheit des Dichters und Erkenntnisse der Forscher lehrt das Beispiel:

Beispiel:

„Sigrid, ein Kind mit Autismus, wurde vor drei Wochen in die Gruppe aufgenommen. Die Kinder warten auf das Mittagessen und versammeln sich auf dem Teppich, während Sigrid ziellos im Raum umhergeht. Die Erzieherin initiiert das Bewegungsspiel ‚Meine Hände klatschen. Meine Hände tanzen [...]'. Sie singt (mal leise, dann laut) und bewegt im Rhythmus (mal langsam, dann schnell) ihre Hände. Die Kinder schauen und beginnen die Bewegungen zu imitieren. Sigrid schaut dem Geschehen zu, bewegt sich aber weiter im Raum und dreht sich um sich selbst. Ab und zu begibt sie sich kurz zu den Kindern und läuft dann wieder weg. Bald beobachtet sie das Bewegungs- und Singspiel der Gruppe und setzt sich auf den Teppich. Zaghaft versucht Sigrid, die Bewegungen zu imitieren. Und zum Schluss kann sie die jeweils letzten Worte des Liedes leise mitsingen." (Krenz/Klein 2013, S. 182)

Dank der feinfühlenden begleitenden Haltung der Erzieherin werden durch rhythmische Bewegungsspiele Brücken zum schier unerreichbaren Kind gebaut. Es fühlt sich eingeladen mitzumachen.

Spiel schafft inklusive Momente

Durch das Gestalten der Spiellernprozesse werden allen Kindern neue Teilhabechancen ermöglicht. Im Spiel erleben und achten sich die Kinder mit und ohne Behinderung als gleichwertige Partnerinnen und Partner. Sie gestalten etwas Gemeinsames und lernen, sich in die Perspektive des anderen hineinzuversetzen. Hüther und Quarch (2018, S. 12) sprechen von „Co-Kreativität im Spiel", weil eben aus der Beziehung das gemeinsame Lernen gelingt und etwas Neues entsteht.

Hier bringt das Spiel inklusive Momente hervor. Das eine Kind erlebt, dass ein anderes Kind nicht über das gleiche Können und Wissen verfügt wie es selbst. Und genau diese Erfahrung ist für das fantasiereiche Kind ein wichtiges Schlüsselerlebnis, bei dem die aufmerksam beobachtende pädagogische Fachkraft eine entscheidende Rolle spielt (Zimpel 2019, S. 35).

Diese Erkenntnisse bestätigt die Spielforschung. Sie lädt die pädagogische Fachkraft zu folgenden Fragen ein:

- *Wie* kann ich die Beziehungssituation gestalten?
- *Wie* kann ich in dieser Situation authentisch (echt, ehrlich, glaubwürdig) sein?
- *Wie* kann ich dem Kind aufmerksam zuhören, zusehen und erkennen, was es hier und jetzt tut, sieht, fühlt und will?
- *Wie* kann ich an seinen Gedanken, Gesten und Blicken teilnehmen?
- *Wie* kann ich mit wenigen klaren Worten auf seine Sorgen und Nöte eingehen?
- *Wie* kann ich einen ehrlichen Umgang mit guten und schlechten Erfahrungen pflegen?

Diese Fragen ermöglichen es der pädagogischen Fachkraft, ihre neuen Erfahrungen so frei wie möglich zu generieren. Erinnert sei an Maria Montessori: Die Aufgabe der Umgebung ist es nicht, das Kind zu formen, sondern ihm zu erlauben, sich zu offenbaren (Näheres in Krenz/Klein 2013, S. 145 ff.).

Die gute pädagogische Fachkraft erkennt:

- Notwendig ist ein feinfühlendes Spielbegleiten, das sich in das Kind so weit wie möglich hineinversetzen kann und mit ihn wie in einem Resonanzraum kommuniziert und kooperiert.
- Diese Begleitung pflegt ein gebildeter Mensch, denn er sieht sich, den anderen Menschen und den ihm umgebenden Lernraum vom Standpunkt des spielenden Kindes und gestaltet Möglichkeitsräume für seine Selbstorganisation und Selbstwirksamkeit.
- Zum Verständnis inklusiver Spielprozesse ist das einfühlende Einlassen der Fachkraft auf die inklusive Spielwelt des Kindes/der Kinder eine wesentliche Voraussetzung.
- Dadurch wird auch ein vorschnelles Be- und Verurteilen verhindert und die gebildete Spielgefährtin/der gebildete Spielgefährte gibt dem Kind den nötigen Halt, die nötige Sicherheit.

- Im fantasiereichen und kreativ-forschenden Spiel sammeln die Kinder wichtige Erfahrungen. Sie lernen Emotionen wie Freude, Wut, Stolz und auch Enttäuschungen zu inszenieren und zu kontrollieren. Und sie lernen in der ureigenen Lebensgrundform „Spiel", ihre Welt zusammen mit anderen zu gestalten, loten Grenzen ihres Könnens, ihres Denkens und Fühlens aus und werden selbstbewusster. Dadurch stellen sie grundlegende Weichen für die Gestaltung ihres späteren Lebens und damit für die Demokratie als Lebensform.
- Kinder und Erwachsene lernen ihr Leben wie ein Spiel zu gestalten und erhalten zudem ein Geschenk: Sie lernen im Spielen „viel schneller und leichter" (Zimpel 2019, S. 35).

Fazit

- Das Spiel muss in der frühen Kindheit die ihm gebührende Beachtung wiederfinden!
- Die pädagogische Fachkraft kann ihre Arbeit wie ein Kind spielen und ihm dadurch seine optimale Entwicklung ermöglichen.
- Eine Aufteilung der Bildungskompetenzen in Fächer, die bereits in einigen Kitas stundenplanmäßig abgearbeitet werden sollen, sind für eine bindungsorientierte Selbstbildungspraxis ausgeschlossen (Klein 2025; Krenz 2022a).

Therapeutische Erziehung für Kinder mit schwerer Behinderung und in der Kinderhospizarbeit

Vorbemerkung

Korczak erprobt mit den Kindern die Wirkung seiner Geschichten; Bild von Itzchak Belfer (1923–2021), Kind in Korczaks Waisenhaus und weltweit als Maler des Holocaust bekannt.

Der Beitrag baut auf Erfahrungen auf, die Gerhard Neuhäuser, Facharzt für Kinderheilkunde sowie für Kinder- und Jugendpsychiatrie, und der Autor für das wissenschaftliche Gespräch reflektiert (Klein/ Neuhäuser 2006) und für die Erziehung in Familie und Kita konkretisiert haben (Neuhäuser/Klein 2019). Beide Werke widmeten die Autoren dem polnisch-jüdischen Arzt, Erzieher und Schriftsteller Janusz Korczak in Verehrung und Dankbarkeit, der Anfang August 1942 zusammen mit seinen 200 Waisenhauskindern den Tod teilte. Ihm wurden Angebote zur Rettung gemacht, die er entschieden ablehnte. Korczak, seine engste Mitarbeiterin Stefánia Wilczyńska[17] und die ihnen anvertrauten Kinder wurden im Vernichtungslager Treblinka ermordet.

[17] Sie war Montessori-Pädagogin.

Therapeutische Erziehung

Arbeitsgemeinschaft Kinderarzt und Pädagoge

Der Kinderarzt und Kinder- und Jugendpsychiater Gerhard Neuhäuser und der Autor in den Einrichtungen der Erlanger Lebenshilfe waren um eine wertschätzende und feinfühlende Haltung bemüht (Neuhäuser/Klein 2019, S. 11 ff.). Medizinisch-therapeutische und pädagogisch-psychologische Erwägungen gingen ineinander über und stärkten die individuelle fachliche Handlungskompetenz, besonders bei längerem Suchen nach einer befriedigenden Lösung. Bei Kindern mit fortschreitenden, zum Tod führenden Erkrankungen war die ethische Verbindlichkeit ärztlich-pädagogischen Denkens und Handelns besonders gefordert.

Wir sprechen von ärztlich-erzieherischer oder erzieherisch-ärztlicher Praxis, um eine jeweils unterschiedliche Gewichtung zum Ausdruck zu bringen. Interdisziplinäre Hilfe als therapeutische Erziehung soll medizinische Erkenntnisse in die pädagogische Praxis einbeziehen und der Entwicklung des Kindes dienen. Dieser Dienst an einer gemeinsamen Aufgabe des Arztes und Pädagogen öffnet den eigenen Blick und überwindet die Enge fachlichen Denkens und Handelns zum Wohle des Kindes, das in der Begegnung von Mensch zu Mensch nicht mehr als Objekt wahrgenommen werden kann.

Therapeutische Erziehung ist aus der Praxis historisch hergeleitet und begründet. Das integrale therapeutisch-erzieherische Helfen soll eine weitreichende Unterstützung zur Inklusion sein, Partizipation und Teilhabe stärken und Ausgrenzung verhindern. Damit wird der UN-Behindertenrechtskonvention entsprochen, die „für alle Bürger ein Leitbild moderner Sozialpolitik und ein verbindlicher Handlungsrahmen für die Praxis sein will" (Klein 2018a, S. 14 f.).

Wertorientierter Erziehungs- und Bildungsauftrag

Heute dominieren das medizinisch-pädagogische Handeln vielfach abstrakte Begriffe, die mit logisch sauberer Formulierung den Menschen wie ein Ding definieren. Damit wird aber der Mensch in seiner Ganzheit, in seiner körperlich-seelisch-geistigen Einheit verfehlt. Er reicht über eine messende Logik hinaus: Das Maß liegt im Menschen, nicht in den Dingen!

Medizin und Pädagogik haben den gleichen wertorientierten Erziehungs- und Bildungsauftrag: Sie stehen im Dienst für den anderen.

Ärztliches und erzieherisches Bemühen dienen der Entwicklung des Kindes in seiner biopsychosozialen Ganzheit. So verstandenes heilpädagogisch-ärztliches Handeln soll dem einmalig gegebenen und aufgegebenen Menschen eine Entwicklung aus eigener Kraft, in Würde und Freiheit ermöglichen. Darum geht es in der interdisziplinären Arbeit, die zum Nachdenken und Handeln aus der jeweiligen fachspezifischen Wahrnehmung motiviert. Hier erfolgt die Grundorientierung nicht mehr an „defektologischen" Kategorien, sondern an Zusammenhängen und Beziehungen sowie Besonderheiten der Entwicklung.

Diese Pädagogik von oben ist durch therapeutische Erziehung, die ohne Vorbedingungen allein dem Kind und seiner Entwicklung dienen will, zu wandeln. Ärztliches und pädagogisches Handeln dienen dem Kind in seiner biopsychosozialen Ganzheit und ermöglichen ihm, seine Entwicklung aus eigener Kraft zu gestalten. Das zeigt uns Janusz Korczak, der davon spricht, dass wir den Kindern eine „sichere Beziehungsbasis" (Klein 2022, S. 12 ff.) zu geben haben, was keine leichte Arbeit ist.[18]

In Korczaks Kinderbuch *Wenn ich wieder klein bin* lesen wir:

Ihr sagt: „Der Umgang mit Kindern ist anstrengend."
Ihr habt recht.
Ihr sagt: „Weil wir uns zu ihren Begriffen herablassen müssen."
Herablassen, hinunterbeugen uns
krümmen, kleinmachen.
7 *Ihr irrt. Nicht das ist es, was uns anstrengt – sondern, dass wir uns aufschwingen müssen zu ihren Gefühlen.*
Aufschwingen, empor recken,
auf die Zehenspitzen stellen,
heranreichen.
Um sie nicht zu verletzen.

Korczak 2000, S. 135

[18] Der Bedeutungshorizont des Verbs „zeigen" ist breit gefächert. Ich verstehe das Zeigen als Aufmerksammachen, das von der Achtung vor der Person des Kindes geprägt ist und dem bekannten Satz Maria Montessoris folgt: „Hilf mir, es selbst zu tun!"

Korczak lädt zur therapeutischen Erziehung in Grenzsituationen ein

Der Arztpädagoge[19] hat tief in die Seele seiner Kinder geschaut. Er blieb seinen einst so fröhlichen Kindern bis zum Lebensende treu. Über den Tod hinaus zeigte er „Wie man ein Kind lieben soll" (Korczak 2018). Kann er beim Begleiten von Kindern mit schwerer Behinderung und beim Begleiten todkranker Kinder Beispiel und Ansporn sein?

Für Korczak ist nicht die Zukunft des Kindes, sondern seine Gegenwart der Ausgangspunkt der medizinisch-pädagogischen Hilfe. Schon 1918 ruft er als erstes Grundgesetz des Kindes das „Recht des Kindes auf den Tod" aus, das nicht erst zum Menschen *wird*, sondern von Beginn an bereits ein zu achtender und zu liebender Mensch *ist*. Das ist beim partnerschaftlichen Begleiten von grundlegender Bedeutung.

Mit feinfühlender Haltung dem anderen begegnen

Im polnisch-sowjetischen Krieg (1919–1921) wurde Korczak in Seuchenspitälern eingesetzt. Er steckte sich mit Flecktyphus an und wurde todkrank. Seine Mutter pflegte ihn und starb an dieser Krankheit. Korczaks Trauer und Schmerz schienen unüberwindbar. Mit 19 Meditationen „Allein mit Gott. Gebete eines Menschen, der nicht betet" (Korczak 1980) kommt er nach und nach zum Leben zurück.

Bald ist er mit wertschätzender Haltung für andere in partnerschaftlicher Haltung wieder präsent. Kindern und Mitarbeitenden, die hungerten, schwer litten und voll unerfüllter Sehnsüchte waren, gab er seelischen Halt. Ihnen begegnete er in einer Haltung der Demut und Bescheidenheit von Mensch zu Mensch. Er forderte über das sonst übliche zukunftsbezogene pädagogische Denken hinaus diese demütige und bescheidene Haltung für das Kind hier und heute.

Folgen wir den Spuren seiner Biografie weiter, entdecken wir ein Leben in Fülle, das von Liebe getragen wird: Liebe zum Universum, zur Natur, zur Wissenschaft und zum Menschen, besonders zum Kind. Wir lernen einen Menschen kennen, der viele Bühnen betrat und keine verließ, ohne bleibenden Eindruck zu hinterlassen, denn

[19] Korczak spricht auch vom Erzieherarzt.

zwischen seiner Liebe und dem Tod, zwischen Anfang und Ende finden wir ganz viel Leben! Seine Pädagogik ist aktuell (Näheres in Klein 2022).

Korczak versuchte, inmitten des Holocaust seinen Kindern durch gemeinsames Singen und Spielen (Theaterspiele) einen Lebensraum der Freude zu schaffen. Er scherzte mit ihnen und organisierte ein Konzert, während draußen das Böse tobte. In der Welt der Brutalität lebte Korczak Nächstenliebe. Von seinem engsten Mitarbeiter Igor Neverly erfahren wir, dass sein Geist von ungewöhnlicher Heiterkeit war: Korczak tat Gutes – ohne zu überlegen, intuitiv, in einer wunderbaren Übereinstimmung mit seiner Natur. Er erzählte den Kindern das „Märchen des Lebens: Wenn die Wälder brennen, muss man sich an die Rosen erinnern" (zit. n. Klein 2018, S. 22). Der Todesahnung und Todesfurcht der Kinder nahe, hat er diesen eine partnerschaftliche und verlässliche Erzieherhaltung entgegengesetzt.

Bereits als Soldat im 1. Weltkrieg entwickelte Korczak seine Idee vom Recht des Kindes auf seinen Tod. In den zwei darauffolgenden Jahrzehnten mussten er und seine Waisenkinder Krieg, Verfolgung und Deportation am eigenen Leibe erleben. Sie konnten ihren eigenen Lebensweg nicht selbst bestimmen und sogar das Recht auf einen würdigen Tod wurde ihnen genommen, wenngleich auch Korczak seine Kinder auf ihre Reise in den Tod vorbereitet und sie dabei begleitet hat.

Schaute Korczak der Wahrheit ins Auge?

In seinen Büchern stellt Korczak immer wieder Fragen. Er lässt uns im Ungewissen. Er fragt jeden ganz persönlich und mutet ihm die existenzielle Antwort zu.

- Schaute Korczak der Wahrheit, die scharfe Kanten hat, ins Auge?
- Hat er die vor ihm liegende Last des Sterbens durch ein inneres Ja vollzogen und so die erlösende Freiheit inmitten der Fesseln erlebt?
- Ahnte er, wie der jüdisch-christliche Religionsphilosoph Franz Rosenzweig, den „Tod als Urkraft des Lebens" (zit. n. Klein 2018b, S. 23)?
- Erlebte er die Todesbewältigung im Spirituellen, das zum sinnbezogenen Nachdenken anregt?

- Können wir dadurch den Blick für Grundfragen des gemeinsamen Lebens, Lernens und Arbeitens im eigenen Bewusstsein finden und das Kind mit schwerer Behinderung und in der Hospizarbeit partnerschaftlich begleiten?

Beispiel „Martin“: Das Kind partnerschaftlich begleiten

Diagnose

Martin (Name geändert) kommt nach 18 Stunden Geburtsdauer auf die Welt und wird drei Tage später in einer Kinderklinik aufgenommen. Diagnose: hochgradiger angeborener Hydrozephalus (Wasserkopf) unbekannter Genese. Mit einem Monat ist eine Ventiloperation nötig, nach vier Monaten erneute Klinikeinweisung. Spastizität und Krampfbereitschaft bahnen sich an, ein Spezialstuhl wird verordnet. Trotz des implantierten Spitz-Holter-Ventils wächst der Kopf unproportional weiter. Mit 16 Monaten wird die Diagnose erweitert: Tetraspastik (Lähmung aller vier Extremitäten), deutlich ausgeprägte tonische Reflexe, Entwicklungsrückstand, keine Kopfkontrolle. Bald kommt als neues Problem eine hartnäckige Verstopfung hinzu. Mit zwei Jahren treten gehäuft kleine Anfälle auf, sie werden unter Kontrolle gebracht, ein Jahr später hat Martin große Anfälle. Er äußert noch kein Wort, obwohl er mit 1 ½ Jahren erste Laute von sich gab. Weitere Diagnosen lauten: beginnende Kontrakturen in Fuß-, Knie- und Ellenbogengelenken, erhebliche Abduktionshemmung in den Hüften, starke Obstipation, große Anfälle, nur wenig ausgebildete geistige und statische Fähigkeiten. Trotz rechtzeitiger therapeutischer Hilfe, regelmäßiger begleitender Beratung durch eine interdisziplinär fachkundige Hausfrüherzieherin und liebevoller häuslicher Pflege und Fürsorge hat sich Martin so entwickelt.

7

Entwicklungshilfe

Die therapeutische Hilfe für Martin ist in das Alltagsgeschehen eingebunden. Sie besteht vor allem in akustischer und taktiler Sensibilisierung, im Vermitteln von Vibrationsempfindungen, in musikalisch begleiteten Bewegungsaktivitäten, auch in einem mundmotorischen, sprachvorbereitenden Training. Das Üben mit verschiedenen Gegenständen (Greifspielzeug, rollende und sich bewegende häusliche Dinge, Geräusch erzeugende Dosen, Musikinstrumente) erfolgt bei sprachlicher und körpernaher Zuwendung spielerisch-rhythmisch in einer dem Kind zugewandten, liebevollen Haltung.

Bei diesem Begegnen zwischen der frühpädagogischen Fachkraft und dem Kind verschwinden im Grunde die Alters- und Standesunterschiede, bei der es um eine gleichwertige und gleichwürdige Begegnung von Ich und Du geht (Neuhäuser/Klein 2019, S. 18 f.).

Martin entwickelt sich nach seiner Sinnperspektive

Er hört gerne Musik, lauscht einer einfachen Melodie, klopft mit einem Schlegel, den ihm die Mutter oder die pädagogische Fachkraft in die Hand gibt, zunehmend entspannt und gelockert auf ein Xylofon, zunächst unter Führung der Mutter, später auch allein.

Martin fühlt sich in seinem Wollen und Tun bestätigt und bestärkt. Er lebt nach seiner Sinnperspektive in einer Sphäre des Zwischen, die der jüdische Philosoph und Pädagoge Martin Buber als „Urkategorie der menschlichen Wirklichkeit" bezeichnet und ein Ort eines tatsächlichen zwischenmenschlichen Geschehens ist (Neuhäuser/Klein 2019, S. 18).

Es geht hier nicht um ein strategisches Verhalten oder Anstreben messbarer Ziele, vielmehr um geduldiges, verantwortungsvolles und hingebungsvolles Helfen: um eine partnerschaftliche Grundhaltung von Angesicht zu Angesicht. Dieses Begegnen ist kein Machen durch ein ausgeklügeltes Behandlungssystem. Es können in der Beziehungssituation durch eine einfühlsame und einladende Haltung die Voraussetzungen dafür geschaffen werden, dass sich Ich und Du begegnen, bei dem das Kulturgut (Gegenstände, Sprache, Musik oder Rhythmik) mit enthalten ist. Geboten ist die Beachtung des dreifachen Kontakts (siehe Seite 123).

Bei der Hospizarbeit mit dem Kind in Partnerschaft sein

Das Kind bis zum Lebensende in seiner Würde achten

In der Erlanger Lebenshilfe-Einrichtung begegneten uns unheilbar kranke Kinder, die dem pädagogisch-therapeutischen Helfen aufgegeben waren. Wir nahmen das einzelne Kind so wahr, wie es ist.

Ein Kind mit Erkrankungen, z. B. durch spinale Muskelatrophie[20], wird in seinen Fähigkeiten immer schwächer. Wir gestalteten mit ihm und den anderen Kindern eine möglichst situationsorientierte gemeinsame Lebens- und Lernwelt, in der jeder den anderen in seinem Können, Fühlen und Wollen achtsam begegnen konnte.

Eine pädagogisch-therapeutische Arbeit, die den anderen in seiner Würde bedingungslos achtet, beschreibt der Arzt Klaus Dörner als seine „Erfahrungsregel gegen den jeweils leichteren Weg". Was ist zu tun, wenn ständig Energie gebraucht wird? „Die eigene Kraft und Motivation könnte hierfür niemals ausreichen. Mir würde die Puste ausgehen, und ich würde mich auf ein paar fürsorglich-besitzergreifende und dem Patienten die Ziele vorgebende Strategien beschränken. Nicht zuletzt dies ist der pragmatische Grund dafür, warum ich als Arzt vom Letzten her die Kraft vom chronisch Kranken, vom Anderen beziehen muss, warum ich eine ethische Haltung benötige, die nicht in mir, sondern im Anderen ihren Anfang findet, der mich in den Dienst nimmt und mir meine Verantwortung befiehlt." (zit. n. Neuhäuser/Klein 2018a, S. 17)

Hier kann der zwischenmenschliche Bereich als Ort der Begegnung erlebt werden.

In dieser dialogischen Verantwortung können sich Kind und Erwachsener gemeinsam erleben, wodurch das Anderssein überwunden wird. Die zwei Welten erscheinen für kurze Zeit zu einer zu verschmelzen. Ärztlich-erzieherisches einfühlendes Zuwenden mit Fantasie gestalten ermöglicht, dass die Behinderung in dieser Begegnung nicht als trennend erfahren wird. Vielmehr wird die Behinderung aufgehoben. Im Miteinander von pädagogischer Fachkraft und Kind, in gegenseitiger erfahrbarer Teilhabe kann im Erziehungsverhältnis momenthaft eine gemeinsame Welt erlebbar werden.

Mit dem Kind offene Kommunikation wagen

Die pädagogisch-therapeutische Hilfe bei Martin ist beim partnerschaftlichen Begleiten in der Kinderhospizarbeit gegenwärtig. Das zeigt Agnieszka Maluga, die Vorsitzende der Deutschen Korczak-

[20] Eine genetische neuromuskuläre Störung, welche die Motoneuronen im Rückenmark betrifft und zu fortschreitender Muskeldegeneration und -schwäche führt.

Gesellschaft e. V., in ihrem Werk mit Korczaks Pädagogik als Reflexionsrahmen (Maluga 2020).

Wie kann in der Kinderhospizarbeit die pädagogische Begleitung zwischen Erwachsenen und Kindern sein, wenn die Kinder nicht auf die uns so geläufige weitere Zukunft vorbereitet werden, sondern auf ihr zu erwartendes Lebensende? Auf diese für die Theorien und Praxis der Erziehung und Bildung zentrale pädagogische Frage wird in einem breiten Spektrum eine Antwort für eine „Partnerschaft in Unsicherheit" (Maluga 2020, S. 181) gesucht.

Die Kinderhospiz-Bewegung mündet in eine partizipatorische und inklusive Pädagogik ein, für die die Reformpädagogik von Janusz Korczak grundlegend ist und eine Haltung der Demut und Bescheidenheit in der Begegnung von Mensch zu Mensch auf Augenhöhe verlangt. Maluga befragt die Erziehungswirklichkeit auf ihren Sinngehalt und schreitet vom Verstehen zum Neuverstehen der Erziehungswirklichkeit in zirkulär vertiefenden Denkprozessen weiter, bei dem das bereits Erkannte dann in neuen Bedeutungszusammenhängen weiter erörtert wird. Als Forschungsbasis dieser differenzierten Studie im Beziehungsgeflecht des Untersuchungsfeldes der Kinderhospizarbeit erscheint die prozessorientierte Grounded Theory geeignet.[21] Als interaktive Teilnehmerin erörtert Maluga lebensbezogene Fragen im historisch begründeten systemtheoretischen Kontext.

Sie nimmt wahr: Aus Nähe und Distanz, die hohe Sensibilität einfordert, wird eine Partnerschaft mit dem sterbenden Kind möglich. Die Pädagogik der Kinderhospiz-Bewegung verdeutlicht mit Korczaks dialogischer Pädagogik als Reflexionsrahmen, dass ein Aushalten von Grenzsituationen, die nicht überwunden werden können, durch das Eingehen einer Partnerschaft und dem Wagnis von offener Kommunikation mit dem Kind möglich wird. Das Kind wird so zum partnerschaftlichen Begleiter der Erwachsenen in der Bewältigung dieser gemeinsamen Lebensphase (ebd. S. 26 und S. 181 ff.)

Maluga erkennt, dass die Kinderhospiz-Bewegung heute in Teilen Korczaks Pädagogik realisiert. Kinder und ihre Begleiter werden aufgrund der außergewöhnlichen Situation angehalten, der Un-

---

21 Die Grounded Theory hat das Ziel, mittels Analyse von Interviews, Beobachtungen und anderen empirischen Daten eine neue Theorie zu formulieren. Dabei wechseln sich Datensammlung und Auswertung so lange gegenseitig ab, bis neue Auswertungen keine weiteren neuen Kenntnisse erbringen.

sicherheit des Todes mit Partnerschaftlichkeit zu begegnen. Auf diese Weise können die Herausforderungen gemeinsam gemeistert werden. Als Partner begegnen sie dem Kind von Mensch zu Mensch. Dieser pädagogische Dialog ermöglicht dem Kind das Einbeziehen in die Gestaltung der Krankheits- und Sterbephasen, was seine Unsicherheit mildert, zur Entlastung seiner Situation führt und eine gemeinsame Verantwortung ermöglicht. Das schließt auch ein, dass die Kinder die Erwachsenen an die Hand nehmen.

Sterben und Tod nicht tabuisieren

Gespräche und Beobachtungen im Erfahrungsraum Kinderhospiz sensibilisieren für die Pädagogik der Achtung und Liebe, die Sterben und Tod nicht tabuisiert, sondern in die pädagogische Theorie einbindet, also Sterblichkeit und Lebensende mit aufnimmt und das sterbende Kind als Partner zu sehen ermöglicht: durch Offenheit und Ehrlichkeit dem Kind begegnen, es so lange wie möglich am Lern- und Bildungsprozess teilnehmen lassen, ihm die Wahrheit, also den Tod zumuten. So weiß es, was mit ihm geschieht und es wird ihm nichts vorgemacht, ihm wird die Gegebenheit nach und nach erklärt und es kann an seinem Sterbeprozess mit gestalteten Ritualen von Abschied und Trauer teilnehmen und diese mitgestalten. Bei diesen Grenzerfahrungen können Einstellungen und Haltungen gewonnen werden, die eben das Unabänderliche annehmen und die noch bleibende Lebenszeit gestalten. Hier sind Sterben und Tod ein Teil der Erziehungs- und Bildungserfahrungen, die nahe am Kind sind und die Beziehung mit ihm bis zum Tod gestalten.

Die Kinderhospiz-Bewegung gibt auch Impulse für eine partizipative und inklusive Pädagogik, was bis heute nicht hinreichend anerkannt ist, aber Korczak in seiner Menschenkunde einfordert.

Sich den eigenen Ängsten stellen

„Wer einem sterbenden Kind hilfreich beistehen will, muss sich seinen eigenen Ängsten stellen und eigene ‚Trauerarbeit' leisten." (Bergeest/Haupt 1984, S. 321) Trauerarbeit leisten heißt herausfinden, welche Bedeutungen Tod, Verlust und Trennungen im eigenen bisherigen Leben zugeschrieben wurden und welche emotionalen Probleme sich im Laufe des Lebens daraus ergeben haben. Erst müssen die eigenen Gefühle der Frustration, des Zorns und der Enttäuschung verstanden werden, dann sind diese Gefühle konstruktiv verfügbar. Begleiter haben zu lernen, die eigenen tief gehenden Gefühle zuzulassen, wahrzunehmen und weiter zu vertiefen. „Der Helfende muss wissen und erfahren haben, dass er selbst wie auch der Sterbende in einer eigenen emotionalen Welt lebt, daß sie beide ständig fühlen, und wird erst dann in der Lage sein, die tiefgehenden Gefühle des anderen wahrzunehmen und angemessen zu beantworten." (Bergeest/Haupt 1984, S. 322)

In der intensiven Selbsterfahrung kann der, der dem Sterbenden beisteht, sich von der hohen emotionalen Beanspruchung entlasten. Er verbessert die Selbst- und Fremdwahrnehmung und ermöglicht sich eine größere Einfühlung in die emotionale Welt des Sterbenden. Der Dialog kann offener, die zwischenmenschliche Begegnung intensiver gestaltet werden. Geboten ist einfühlendes und nicht wertendes Verstehen: echt sein, ohne Fassade. Indem der Sterbebegleiter seine Ängste aufarbeitet, entlastet er sich gegenüber dem Sterbenden und kann mit ihm eine ehrliche Beziehung aufbauen, wie im nächsten Abschnitt veranschaulicht wird.

Kommunikation aus der Praxis heraus vertieft das Nachdenken

Elisabeth Lax-Höfer, Mitglied der Deutschen Korczak-Gesellschaft, hat Methoden entwickelt, um im Alltag ganz locker die Bindung zum Kind grundlegend zu stärken. Sie ist immer wieder erstaunt, wie sorglos Kinder über den Tod sprechen. Ihr vierjähriger Sohn fragte sie: „Mama, wenn du mal tot bist, darf ich dann im Wohnzimmer essen und dabei Fernsehen gucken?" (Lax-Höfer 2023, S. 25) Tod und Sterben ist für kleine Kinder noch kein Tabu. Erst wir Erwachsenen mit unserem Erfahrungsvorsprung negativ empfundener Emotionen neigen dazu, den Tod zu tabuisieren. Das erkannte der Arzt Janusz Korczak bereits in seiner Praxis. Er spricht im Kinderroman über den Tod des kleinen Helden König Macius.

Können wir das Thema Sterben und Tod heute den Kindern zumuten? Damals wie heute kann Kinderliteratur zur Resilienzförderung beitragen – „[…] wie beispielsweise die Märchen – die ja in ihrem Abschlusssatz ‚Und wenn sie nicht gestorben sind, leben sie noch heute' immer schon das Sterben antizipieren." (ebd., S. 26) Mütter bevorzugen Kinderbücher über eine heile Kinderwelt und empfinden Bücher über das Sterben des Kindes als zu grausam und belastend.

Elisabeth Lax-Höfer berichtet von ihren Erfahrungen:

Beispiel:

„In einer Kita durften die Kinder, aus deren Gruppe ein Kind gestorben war, nicht bei der Beerdigung dabei sein, weil es die pädagogischen Fachkräfte als zu belastend empfanden. Folglich konnte man mehrere Wochen in der Kita beobachten, wie die Kinder auf dem Außengelände kleine Löcher aushoben und dort Puppen beerdigten. Erst dann griff man zu Kinderliteratur, die den Tod thematisierte und öffnete sich dem dialogischen Vorlesen, um an Emotionen und Erfahrungen der Kinder anzuknüpfen." (ebd. S. 26)

Der Tod als ein Teil des Lebens des Erwachsenen und des Kindes wird in der Pädagogik, die sich an der Zukunft des Kindes orientiert, kaum beachtet. Das ist aber gerade auch für Kinder, deren Mutter oder Vater gestorben ist, und besonders für Kinder, die ihre Eltern durch Flucht und Vertreibung verloren haben, ein höchst bedeutsames Thema in ihrem Leben.

Beachtung des dreifachen Kontakts

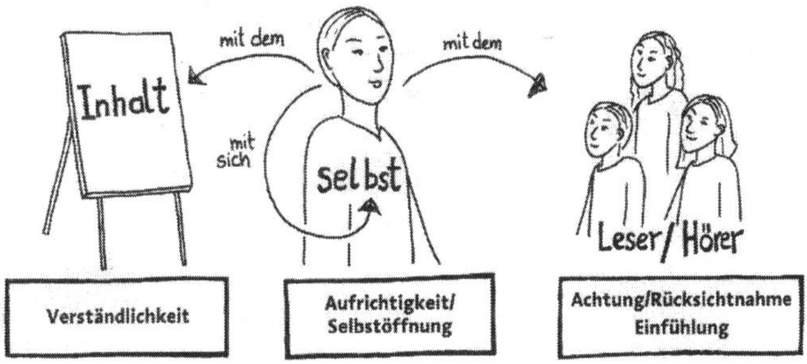

7

Es geht um einen Kontakt der pädagogischen Fachkraft mit sich selbst, mit dem Kind und mit dem Inhalt (siehe Abbildung).[21]

Dieser Kontakt geht auf den Psychotherapeuten Carl Rogers zurück. Rogers erkannte bei seiner Arbeit drei Aspekte der Haltung, die für hilfreiche zwischenmenschliche Beziehungen charakteristisch sind und die eigenen Ressourcen sowie die Ressourcen des anderen Menschen fördern. Diese Erkenntnis trifft für die Kontakte zwischen den Menschen überhaupt zu, sie gewinnt ihre besondere Bedeutung für die kollegiale Zusammenarbeit und Teamarbeit. Unser Interesse konzentriert sich auf „Bildung durch Bindung“ (Krenz/Klein 2012). Sie ist für die inklusive beziehungsorientierte Praxis höchst aktuell und hat ihre eigene Würde:

- Sich um empathisches (einfühlendes) Verstehen und uneingeschränkte Wertschätzung des Kindes bemühen, es ohne Vorbedingungen akzeptieren.
- Sich um Klärung der eigenen Gedanken bemühen und sich für das Kind und seine Bedürfnisse öffnen, um mit ihm in einen wechselseitigen Austausch zu kommen.
- Sich um eine verständliche und klare Sprache bemühen, die jedes Kind zum Mitmachen, Mitdenken und Mitfühlen einlädt.

Die drei Aspekte der Haltung lassen sich nur theoretisch voneinander trennen. Dem ganzheitlichen Handeln der pädagogischen Fachkraft, die sich bemüht, die drei Haltungsmomente in sich zu vereinen, liegt ein Menschenbild zugrunde, das die Einzigartigkeit des individuellen Kindes bedingungslos achtet. Diese achtsame Haltung zeichnet die Würde der Praxis aus.

Fazit

- Therapeutische Erziehung mit schwerbehinderten und sterbenden Kindern achtet das individuelle Kind in seiner körperlich-seelisch-geistigen Ganzheit, denn das Maß liegt im Menschen und nicht im distanzierten Denken.

[21] Die Abbildung geht auf die Psychologen und Pädagogen Langer, I./Schulz von Thun, F./Tausch, R. (2015): Sich verständlich ausdrücken. München/Basel: Reinhardt – zurück. Sie ist dem Buch Klein, F. (2018): Mit Janusz Korczak Inklusion gestalten, Göttingen: Vandenhoeck & Ruprecht, S. 33 entnommen.

- Eine pädagogische Fachkraft, die therapeutische Erziehung pflegt, steht im Dienst für das Kind. Bei dieser „Dienstpädagogik" antwortet sie mit feinfühlender Haltung auf die „Herrschaftspädagogik" sowie auf das dominierende medizinisch-pädagogische Handeln mit ihren abstrakten Begriffen, die mit logisch sauberer Formulierung den Menschen wie ein Ding definieren.
- Für die pädagogische Fachkraft, die eine Pädagogik der Liebe und Achtung pflegt, ist das individuelle Kind als Partner so wertzuschätzen, wie es eben ist. Und sie kann mit demütiger und empathischer Haltung dem aufgegebenen Kind dessen Entwicklung aus eigener Kraft in Würde und Freiheit ermöglichen.
- Bei dieser achtsamen Begegnung ist das Kind nicht mehr ein Objekt. Gefragt ist die Weisheit des Herzens der pädagogischen Fachkraft, die im Gegensatz zum Wissen nicht gelehrt werden kann. Sie hat kein anzustrebendes Lernziel, das sie erreichen muss. Sie ist mit ihrem umfassenden fachlichen Können einfach da, so wie sie ist. Hier ist der Weg das Ziel, den der feinfühlende Arzt, Pädagoge und Kinderbuchautor allen nahelegt, denen die nachwachsende Generation wirklich am Herzen liegt.

Autorenporträt

Ferdinand Klein, Prof. Dr. phil. Dr. paed. et Prof. h. c., Erziehungswissenschaftler auf dem Fachgebiet Heilpädagogik, arbeitete 20 Jahre als Erzieher, Heilpädagoge und Logotherapeut, lehrte und forschte an den Universitäten Würzburg, Mainz, Halle-Wittenberg (Aufbaudirektor des Instituts für Rehabilitationspädagogik der Martin-Luther-Universität 1992–1994) und an der Pädagogischen Hochschule Ludwigsburg, Fakultät für Sonderpädagogik in Reutlingen.

Nach seiner Emeritierung (1997) war er Gastprofessor an der Comenius-Universität Bratislava und von 2005 bis 2014 an der im Jahr 1900 gegründeten, weltweit ältesten Hochschule für Heilpädagogik tätig, der Gusztáv-Bárczi-Fakultät der Eötvös-Loránd-Universität Budapest, die sein wissenschaftliches Werk und seine Verdienste um den Ost-West-Dialog mit der Verleihung eines „Doctor et Professor honoris causa" würdigte. 2019 wurde ihm für seine sozial- und heilpädagogische Arbeit das Bundesverdienstkreuz am Bande verliehen.

Seine Arbeitsschwerpunkte sind: Ethische Fragen, Forschungsmethoden, Reformpädagogik, Korczakpädagogik, Waldorfpädagogik, Früh- und Elementarpädagogik. Wie sein Lehrer Janusz Korczak lernt der Autor bis heute von Kindern: Das re-agierende Verhalten des Kindes zeigt ihm, wie Erziehung heute noch häufig ist. Das schöpferische Handeln des Kindes lehrt ihn, wie Erziehung sein soll. Durch Reflexion der (heil-)pädagogischen, medizinisch-therapeutischen und neurobiologischen Fachliteratur bildet er seinen integralen und transdisziplinären Standpunkt weiter.

Literaturverzeichnis

Baer, U. (2022): Wenn der Krieg in die Kita kommt. Der richtige Umgang mit Kindern und ihren Familien. In: ZUKUNFTS-HANDBUCH Kindertageseinrichtungen, Heft 4, S. 8–17.

Becker, H. (1989): Auf dem Weg zur lernenden Gesellschaft. Stuttgart: Klett.

Bergeest, H./Haupt, U. (1984): Personenzentrierte Psychotherapie mit Sterbenden. In: Petzold, H. (Hrsg.): Die Begleitung Sterbender. Theorie und Praxis der Thanatotherapie. Paderborn: Bonifatius, S. 311–329.

Bude, H. (2011): Was unsere Gesellschaft spaltet. München: Hanser.

Duker, P. (2014): Abschied von Autismus und ADHS. Wie Unterschiede zwischen Menschen zu psychiatrischen Krankheiten geworden sind – und der Weg zurück. Bitthoven: Notitia.

Fromm, E. (1974): Anatomie der menschlichen Destruktivität. Stuttgart: Klett.

Fromm, E. (1980): Die Seele des Menschen. Ihre Fähigkeit zum Guten und zum Bösen. Stuttgart: DVA.

Fuchs, Th. (2021): Das Gehirn – ein Beziehungsorgan. Eine phänomenologisch-ökologische Konzeption. Stuttgart: Kohlhammer.

Fuchs, Th. (2023): Verkörperung und Beziehung. Für einen zeitgemäßen Humanismus. In: Menschen. Zeitschrift für gemeinsames Leben, Lernen und Arbeiten. 46. Jg., Heft 6, S. 8–15.

Gadamer, H.-G. (1975): Wahrheit und Methode. Grundzüge einer philosophischen Hermeneutik. Tübingen: Paul Siebeck.

Glöckler, M. (2002): Spirituelle Ethik. Situationsgerechtes, selbstverantwortetes Handeln. Dornach: Verlag am Goetheanum.

Göb, M. (2022): Waldbaden als Stressprävention für Führungskräfte nutzen. Die Wiederentdeckung der Langsamkeit. In: ZUKUNFTS-HANDBUCH Kindertageseinrichtungen, Heft 4, S. 27–36.

Graf, F. W. (2018): Das Ende der Erziehung ist die Eigentümlichkeit des Einzelnen. Schleiermacher und seine Vorstellungen von einer zeitgemäßen Erziehung. In: Frankfurter Allgemeine Zeitung vom 15.11.2018, S. 6.

Graff, B. (2010): Das neue Profil des Menschen. In: Süddeutsche Zeitung vom 5./6. Juni, S. 14.

Haeberlin, U. (1996): Heilpädagogik als wertgeleitete Wissenschaft. Bern: Haupt.

Hanselmann, H. (1955): Heilpädagogik – Wesen, Möglichkeiten und Grenzen. In: Asperger, H. (Hrsg.): Bericht des 3. Internationalen Kongresses für Heilpädagogik (S. 26–36). Wien: Springer.

Harari, Y. N. (2017): HOMO DEUS. Eine Geschichte von Morgen. München: Beck.

Harari, Y. N. (2023): 21 Lektionen für das 21. Jahrhundert. München: C.H. Beck.

Hattie, J./Zierer, K. (2018): Kenne deinen Einfluss! „Visible Learning" für die Unterrichtspraxis. Baltmannsweiler: Schneider.

Häußler, A./Tuckermann, A./Kiwitt, M. (2022): Praxis TEACCH: Wenn Verhalten zur Herausforderung wird. Dortmund: verlag modernes lernen.

Hawking, S. (2018): Kurze Antworten auf große Fragen. Stuttgart: Klett-Cotta.

Herbart, J. F. (1986): Systematische Pädagogik. Eingeleitet, ausgewählt und interpretiert von Dietrich Benner. Stuttgart: Klett-Cotta.

Hüther, G./Quarch, Chr. (2016): Rettet das Spiel. Weil Leben mehr als Funktionieren ist. München: C. Hanser.

Janert, S. (2016): Autistischen Kindern Brücken bauen. Ein Elternratgeber. München: Reinhardt.

Janssen, L. P. (2016): Janusz Korczak. Kinderarzt. Berlin: Hentrich & Hentrich.

9

Jantzen, W. (2017): „Sondermütter". In: Behinderte Menschen, 40. Jg., Heft 1, S. 6–7.

Jaspers, K. (1965): Einführung in die Philosophie. München: Piper.

Kaiser, M. (2016): Alles inklusive. Aus dem Leben mit meiner behinderten Tochter. Frankfurt: Fischer.

Kermani, N. (2022): Jeder soll von da, wo er ist, einen Schritt näher kommen. Fragen nach Gott. München: Hanser.

Klein, F. (1982): Janusz Korczak und die heute irritierte Heilpädagogik. Fragmente einer humanen Erziehungspraxis. In: Beiner, F.

(Hrsg.): Janusz Korczak. Zeugnisse einer lebendigen Pädagogik. Vierzig Jahre nach seinem Tod. Heinsberg: Agentur Dieck, S. 161–170.

Klein, F. (1987): Wahrnehmen und Handeln im Geiste Janusz Korczaks am Beispiel des behinderten Kindes angesichts seines Sterbens. Fragment einer heilpädagogischen Besinnung. In Beiner, F. (Hrsg.): Pädagogik der Achtung. Agentur Dieck: Heinsberg, S. 174–185.

Klein, F. (2012): Inklusive Erziehung von Anfang an. Bewegung, Spiel und Rhythmik in der inklusiven Erziehung. Köln: Bildungsverlag EINS.

Klein, F. (2015): Spiel- und Lernkultur in der inklusiven KiTa. In: ZUKUNFTS-HANDBUCH Kindertageseinrichtungen, Heft 3, S. 1–10.

Klein, F. (2017): Heilpädagogik im Dialog. Berlin: BHP.

Klein, F. (2018a): Inklusive Erziehung in Krippe, Kita und Grundschule. Freiburg: BurckhardtHaus.

Klein, F. (2018b): Mit Janusz Korczak Inklusion gestalten. Göttingen: Vandenhoeck & Ruprecht.

Klein, F. (2019a): Autismus als Lebens- und Lernform. Kinder mit Autismus verstehen und begleiten. In: ZUKUNFTS-HANDBUCH Kindertageseinrichtungen, Heft 3/2019, S. 1–14.

Klein, F. (2019b): Inklusive Erziehungs- und Bildungsarbeit in der Kita. Heilpädagogische Grundlagen und Praxishilfen. Köln: Bildungsverlag EINS.

Klein, F. (2021): Bewegung, Spiel und Rhythmik. Drei unverzichtbare Elemente in der inklusiven Kita-Praxis. Dortmund: verlag modernes lernen.

Klein, F. (2022a): Janusz Korczak. Die Aktualität seiner Pädagogik. Regensburg: Walhalla.

Klein, F. (2022b): Waldorfpädagogik in Krippe und Kita. Freiburg. BurckhardtHaus.

Klein, F. (2022c): Handlungsbezogenes Handeln realisiert Praxis, Forschung und Lehre als Einheit. In: Unsere Jugend, 74. Jg., Heft 11/12, S. 497–503.

Klein, F. (2023): Der Situationsorientierte Ansatz. Eine zukunftsweisende Perspektive. In: ZUKUNFTS-HANDBUCH Kindertageseinrichtungen, Heft 2, S. 65–78.

Klein, F. (2025): Inklusive Erziehungs- und Bildungsarbeit in der Kita. (4. Auflage, in Vorbereitung). Köln: Westermann.

Klein, F./Neuhäuser, G. (2006): Heilpädagogik als therapeutische Erziehung. München: Reinhardt.

Kobi, E. E. (2004): Grundfragen der Heilpädagogik. Eine Einführung in heilpädagogisches Denken. Berlin: BHP.

Korczak, J. (1980): Allein mit Gott. Gebete eines Menschen, der nicht betet. Gütersloh: Gerd Mohn.

Korczak, J. (2000): Wenn ich wieder klein bin. Gütersloh: Gerd Mohn.

Korczak, J. (2018): Wie man ein Kind lieben soll. Göttingen: Vandenhoeck & Ruprecht.

Krampen, Th. K. G. (2016): Vom Passiv zum Aktiv? Ich-Tabu oder Selbstdarstellung in wissenschaftlichen Texten. In: Forschung & Lehre, 23. Jg., Heft 3, S. 224–235.

Kreft, N./Hösle, V. (2022): Das Café der toten Philosophen. Ein philosophischer Briefwechsel für Kinder und Erwachsene. C. H. Beck: München.

Krenz, A. (1996): Der pädagogische Ansatz: Situationsorientierung in der Kindergartenerziehung. In: Dorlöcher, H. et al. (Hrsg.), Phoenix – Der etwas andere Weg zur Pädagogik. Band 1, Paderborn.

Krenz, A. (2004): Der „Situationsorientierte Ansatz“ im Kindergarten. Grundlagen und Praxis. Freiburg: Lambertus.

Krenz, A. (2009): Das Spiel ist der Beruf der Kinder. Die bildungsprägende Bedeutung des Kinderspiels. In: klein&groß, Heft 11.

Krenz, A. (2010): Wie Kinder Werte erfahren. Wertevermittlung und Umgangskultur in der Elementarpädagogik. Freiburg: Herder.

9 *Krenz, A.* (2013a): Elementarpädagogik aktuell. Die Entwicklung des Kindes professionell begleiten. München: BurckhardtHaus.

Krenz, A. (2013b): Kinder brauchen Seelenproviant. Was wir ihnen für ein glückliches Leben mitgeben können. München: Kösel.

Krenz, A. (2014): Der Situationsorientierte Ansatz – Auf einen Blick. Konkrete Praxishinweise zur Umsetzung. München: BurckhardtHaus.

Krenz, A. (2017): Kinderseelen verstehen. Verhaltensauffälligkeiten und ihre Hintergründe. München: Kösel.

Krenz, A. (2020): Bildungsgut „Märchen". Warum es so wichtig ist, dem Bildungsgut „Märchen" eine besondere Aufmerksamkeit in der Elementarpädagogik zu schenken. In: KITA leiten Spezial. Fachwissen kompakt, Ausgabe 4 (November), S. 3–11.

Krenz, A. (2022a): Elementarpädagogische Grundsätze auf den Punkt gebracht. Kita-Basiswissen für Erzieherinnen und Erzieher. 20 Fact-Sheets für Fortbildungen, Beratungsgespräche und zur Prüfungsvorbereitung. Freiburg: Osterstebrink.

Krenz, A. (2022b): Sprachförderung in einer beziehungsgeprägten Sprachkultur mit Kindern. Zur „Guten Sprachförderung" gehört eine werteorientierte Kommunikations-, Interaktions-, Konflikt-, Spiel- und Sprachkultur. In: spielen-und-lernen. online, präsentiert von Dusyma, 16.11.2022.

Krenz, A./Klein, F. (2013): Bildung durch Bindung. Frühpädagogik: inklusiv und beziehungsorientiert. Göttingen: Vandenhoeck & Ruprecht.

Kron, M./Papke, B./Windisch, M. (Hrsg.) (2010): Zusammen aufwachsen. Schritte zur frühen inklusiven Bildung und Erziehung, Bad Heilbrunn: Klinkhardt.

Langer, I./Schulz von Thun, F./Tausch, R. (2015): Sich verständlich ausdrücken. München und Basel: Reinhardt.

Lax-Höfer, E. (2023): Zum Recht des Kindes, das zu sein, was es ist. Wie Vorlesen eigene Gefühle bewusstmacht. In: Korczak-Bulletin, 32. Jg., S. 14–29.

Leitner, B. (2020): Gewaltfreie Kommunikation in der Kita. Paderborn: Junfermann.

Lempp, R. (2012): Generation 2.0 und die Kinder von morgen. Aus der Sicht eines Kinder- und Jugendpsychiaters. Stuttgart: Schattauer.

Lévinas, E. (1995): Zwischen uns. Versuch über das Denken an den Anderen. München/Wien: Hanser.

Lewin, A. (1998): So war es wirklich. Die letzten Lebensjahre und das Vermächtnis Janusz Korczaks. Gütersloh: Gütersloher Verlagshaus.

Loch, W. (1979): Lebenslauf und Erziehung. Essen: Neue Deutsche Schule.

Maluga, A. (2020): Die Rechte des Kindes und der Tod. Janusz Korczaks Pädagogik der Achtung in der Kinderhospizarbeit. Bad Heilbrunn: Klinkhardt.

Meckel, M. (2010): Brief an mein Leben. Erfahrungen mit einem Burnout. Reinbek bei Hamburg: Rowohlt.

Muth, J. (1982): Pädagogischer Takt. Monographie einer aktuellen Form erzieherischen und didaktischen Handelns. Heidelberg: Winter.

Muth, J. (1986): Integration von Behinderten. Über die Gemeinsamkeit im Bildungswesen. Essen: Verlag deutsche Schule.

Neuhäuser, G./Klein, F. (2019): Therapeutische Erziehung. Resiliente Erziehung in Familie, Krippe, Kita und Grundschule. München: BurckhardtHaus.

Osten, M. (2003): „Alles veloziferisch" oder Goethes Entdeckung der Langsamkeit. Leipzig/Frankfurt a. M.: Insel.

Popper, K. R. (1994): Alles Leben ist Problemlösen. Über Erkenntnis, Geschichte und Politik. München/Zürich: Piper.

Prinz, A. (2023): Franz von Assisi. Tierschützer, Minimalist und Friedensstifter. Stuttgart: Gabriel in Thienemann-Esslinger Verlag.

Resing, V. (Hrsg.) (2017): Angela Merkel. Daran glaube ich. Leipzig: St. Benno.

Rosa, H. (2022): Demokratie braucht Religion. München: Kösel.

Sacks, O. (1992): Der Mann, der seine Frau mit dem Hut verwechselte. Reinbek: Rowohlt.

Satir, V. (2007): Selbstwert und Kommunikation. Familientherapie für Berater und zur Selbsthilfe. Stuttgart: Klett-Cotta.

Schleiermacher, F. (2017): Kritische Gesamtausgabe. Vorlesungen.
9 Vorlesungen über die Pädagogik und amtliche Voten zum öffentlichen Unterricht. Berlin/Boston: De Gruyter.

Schwarz, K. (2020): Autismusbilder. Zur Geschichte der Autismusforschung. Weinheim/Basel: Beltz/Juventa.

Sloterdijk, P. (1983): Kritik der zynischen Vernunft. Band 1. Frankfurt: Suhrkamp.

Speck, O. (2008): System Heilpädagogik. Eine ökologisch reflexive Grundlegung. München/Basel: Reinhardt.

Staatsinstitut für Frühpädagogik und Medienkompetenz (Hrsg.) (2022a): Feinfühligkeit von Eltern und Fachkräften. München: BKK Landesverband Bayern. Verfügbar unter: www.ifp.bayern.de/imperia/md/content/stmas/ifp/ifp_bkk_br_krippe_web.pdf

Staatsinstitut für Frühpädagogik und Medienkompetenz (Hrsg.) (2022b): Raum für Inklusion – Barrierefreiheit in der Kita. Online: www.link.kita.bayern/inklusionsraum [Stand: 25.05.2023]

Sünkel, W. (1994): Im Blick auf Erziehung. Bad Heilbrunn: Klinkhardt.

Sünkel, W. (2002): Phänomenologie des Unterrichts. Grundriss der theoretischen Didaktik. Weinheim: Juventa.

Wedewardt, L./Cantzler, A. (2022): Sich seiner selbst bewusst sein. Biografische Selbstreflexion. Freiburg: Herder.

Weizsäcker, C. F. v. (1983): Wahrnehmung der Neuzeit. München: Hanser.

Zimpel, A. F. (2019): Spiel und Förderung. In: Menschen. Zeitschrift für gemeinsames Leben, Lernen und Arbeiten, 42 (6), S. 31–36.

9

Stichwortverzeichnis

10